NOTRE-DAME D'AVIOTH.

Nancy, imprimerie de Grimblot, veuve Raybois et Comp.

ESQUISSE

ARCHÉOLOGIQUE ET HISTORIQUE

DE L'ÉGLISE

NOTRE-DAME D'AVIOTH

PAR A. OTTMANN,

RECEVEUR DES DOUANES, ET MEMBRE DES SOCIÉTÉS SAVANTES DE LUXEMBOURG, DUNKERQUE ET VERDUN,

AVEC DES NOTES HISTORIQUES

PAR M. JEANTIN,

Président du Tribunal civil de Montmédy (Meuse), Chevalier de la Légion d'honneur (nommé de l'Ordre de Léopold de Belgique par arrêté royal du 23 janvier 1859, sauf approbation impériale de ce titre étranger),

Accompagnée d'un Album de 17 figures.

*AVE O TH*EOTOCOS VIRGO!
Sceau paroissial d'Avioth de 1587.

NANCY,
GRIMBLOT, Ve RAYBOIS ET COMP.,
IMPRIMEURS-LIBRAIRES,
Place Stanislas, 7, et rue St-Dizier, 125.

MONTMÉDY,
PIERROT-HUART, LIBRAIRE
à Montmédy (ville basse).

ET CHEZ L'AUTEUR, A FAGNY, COMMUNE DE BREUX (MEUSE).

1859

« *Je ne scaurois passer soubs silence la mémoyre de ceste*
» *Eglise miraculeuse de N. D. d'Avioth..... J'en vouldrois*
» *scauoir l'anchienc et l'anticque fondation, pour le désir que*
» *j'ay de contenter mes conceptions,...... et que ceulx qui*
» *n'en ont parfaitte coignoissance en puisse aprendre quelque*
» *chose....* »

Manuscrit de 1668; Chap. V et VII.

« *Je n'ai pas apporté à cette étude la curiosité vague et*
» *stérile de l'antiquaire, mais la pieuse tendresse du chrétien*
» *qui explore les archives de sa croyance.* »

J.-E. Darras.

AVANT-PROPOS.

Manifestation splendide du culte d'une statue de la Vierge-Mère, *Theotocos Virgo* (1), « bastie des anges » enuoyés du ciel, » l'église *Notre-Dame d'Avioth,* cette œuvre de nos pères, enrichie des indulgences du Saint-Siége, et réalisée avec le produit des « aulmosnaiges du » pauure peuple (2), » embrasse, depuis son point de départ (XIVe siècle), le plus probable d'après le style, jusqu'à la date connue du dernier ajoutement (1539), et dans ses destinées ultérieures un cadre historique et artistique du plus haut intérêt.

Sous l'empire d'un prestige bien connu des touristes, et pénétré du *sens religieux* de son sujet, l'auteur a entrepris

---

(1) Ancien sceau d'Avioth.

(2) Chartes de 1225, 1372 et 1599; Arrêt archiépiscopal de Trèves, de 1574, Bref apostolique de 1649, et Manuscrit de 1668. (Archives de la cure d'Avioth.)

de crayonner une simple *Esquisse*, reflet décoloré des merveilles du sanctuaire d'Avioth, faible écho des miséricordes et des gloires de la Reine d'amour. Des encouragements inespérés lui ont fait entrevoir, pour ces feuilles, la possibilité d'une première excursion.

Les prônes de M. le curé Delhotel (XVIIe siècle), répertoire manuscrit de traditions orales et de pieuses légendes, accréditées parmi les fidèles ; — les termes précis des pièces diplomatiques ; — mais, par-dessus tout, l'évidence du style, cette pierre de touche des documents écrits, et le concours de ses auxiliaires : paléographie, blason, iconographie, etc., tels sont les matériaux que l'auteur a laborieusement dégrossis, pendant trois années, avec l'aide de M. le Président Jeantin.

S. E. le Ministre de l'Instruction publique a daigné, sous la date du 22 juin 1857, transmettre à MM. Jeantin et Ottmann « les félicitations de la *section d'archéologie* pour » l'envoi de cette étude, dont l'appréciation a été faite dans » les termes suivants : »

Extrait du bulletin du Comité de la langue, de l'histoire, et des arts de la France.

Année 1857, IV, p. 108.

RAPPORT DE M. DE *GUILHERMY*.

« MM. *Jeantin*, Président du Tribunal de Montmédy, et » *Ottmann*, Receveur des douanes, membre de plusieurs

» sociétés savantes, se sont réunis pour composer (1) une » notice historique et archéologique sur l'intéressante » *Eglise d'Avioth* (canton de Montmédy, département de » la Meuse). C'est une étude approfondie de toutes les » parties d'un beau monument des XIVe et XVe siècles. » Les auteurs décrivent, successivement, avec beaucoup » de méthode et de sagacité, en faisant la part de chaque » époque, la Recevresse séparée de l'Eglise et si habile- » ment restaurée par M. *Boëswilvald,* architecte des mo- » numents historiques, la chaire de 1554 ; la chapelle de » 1539 ; le Tabernacle en pierre, isolé du maître autel ; » les stalles de la renaissance ; la clôture du chœur, les » vitraux, les monuments funéraires. Le travail est trop » développé pour être publié en entier dans le Bulletin ; » et, d'un autre côté, les parties, dont il se compose for- » ment un ensemble si bien lié qu'on n'en saurait rien » détacher. Nous regrettons de ne pouvoir mettre les cor- » respondants du Comité à même d'apprécier une aussi » excellente notice. On aime à voir des hommes chargés, » comme MM. Jeantin et Ottmann, de fonctions publiques » importantes, chercher un délassement à leurs occupa- » tions ordinaires dans l'étude de l'histoire et de l'archéo- » logie. En remerciant ces Messieurs, on pourrait les prier » de transmettre au Comité les estampages des inscriptions

(1) La composition est l'œuvre exclusive de M. *Ottmann ;* M. Jeantin se plaît à reconnaître qu'il n'y a que très-accessoirement participé.

» du XVe et du XVIIe siècle que possède l'église d'A-
» vioth. »

Ce précieux témoignage a été confirmé par l'accueil honorable que l'*Esquisse* vient d'obtenir, dans les Mémoires de la Société Dunkerquoise pour l'encouragement des Sciences, des Lettres et des Arts. (Vol. de 1859 sous presse).

Une main amie et artiste (1) s'est prêtée généreusement au succès de l'opuscule, en reproduisant sur la pierre lithographique les inscriptions lapidaires et sur verre copiées par l'auteur dans l'église d'Avioth et dans les ruines de l'abbaye d'Orval. Ces figures inédites ont été réclamées, en 1857, par M. le Ministre, pour faire partie du Recueil général des Inscriptions de la Gaule.

Dextram scriptoris benedicat Mater amoris !

---

(1) M. *Neltner,* capitaine au 66e ; auteur d'une belle vue de Montmédy, publiée à Verdun, en 1858, chez Pierson.

ESQUISSE

ARCHÉOLOGIQUE ET HISTORIQUE

DE L'ÉGLISE

NOTRE-DAME D'AVIOTH.

INTRODUCTION.

ANNALES SOMMAIRES.

« Memento dierum antiquorum, cogita
» generationes singulas : interroga patrem
» tuum, et annuntiabit tibi ; majores tuos, et
» dicent tibi. »

Deutéron. 32, 7.

« L'église, c'est l'histoire de la paroisse. »
L'abbé *Cochet*.

L'église *Notre-Dame d'Avioth*, si étrangement située à l'écart des villes, est certainement une des productions les plus intéressantes de l'art, au moyen âge.

Ce splendide symbole de foi et de poésie, type et résumé de son époque, s'est identifié, pendant cinq siècles, avec les mœurs et les croyances, les joies et le deuil d'une longue suite de générations humaines.

Jaloux d'attacher son nom à l'illustration de ce lieu privilégié, un *Comte de Chiny* n'a pas dédaigné d'y habiter au XIVe siècle ; ses monnaies et les souvenirs du peuple, bien que travestis, en font foi.

Alors la pompe des solennités du culte et la majestueuse ordonnance du temple, pure encore de tout ajoutement, s'harmoniaient dans un merveilleux accord. Quatre chapelains-bénéficiers, adjoints au curé-administrateur, lui donnaient un relief équivalent presqu'à la dignité d'un *Abbé mitré*. Le nom catalan d'un titulaire, au siècle dernier, Messire *Claude de Cardona*, frère d'un ministre d'Espagne à *Oropésa* (Pérou), et descendant d'un vice-roi de Naples, nous apprend ce que valait autrefois ce modeste titre de curé.

Alors aussi les grands et les heureux du siècle, sur le point de paraître devant Dieu, réclamaient, pour leurs restes mortels, six pieds de terre sous une dalle, à l'endroit où ils avaient courbé le front devant l'Eternel. Un peu de poussière, un nom à demi effacé par le contact des pieds, et suivi de ces mots : *proiés por ly!* voilà tout ce qui reste de ces illustres défunts.

Entre autres noms burinés au nécrologe d'Avioth, les *maisons d'armes* du pays fournissent ceux de *Breux, Etalle, Batain-cour, Vesqueville, Malandry* et *Mérode*. L'Espagne est représentée, dans ce nobiliaire de la mort, par la mère d'un évêque de la Vieille-Castille, *Dame Baudouin Faquelo*.

De près et de loin, une foule de paroisses y venaient processionnellement, les unes chaque année, les autres de sept en sept ans, déposer un tribut séculaire de reconnaissance aux pieds de la Reine des Cieux, « *pour le subiect d'auoir esté délibvré de contagion, en leurs personnes, et en leurs bestails, en l'an 1636* (1). »

Mais un souvenir plus récent, celui de 1793, a fait oublier les fléaux de 1636. La bannière paroissiale de *Thiaumont*, celles de *Habergy*, de *Stockem*, de *Hachy*, de *Martelange*, de *Faux-villers*, etc., ces bannières ne s'inclinent plus, à jour fixe, devant Notre-Dame d'Avioth. Le chariot, chargé du tribut spontané des fidèles, ne s'arrête plus, « *au iour de la feste de la Décolation de Saint-Jean* », devant la Vierge *recepueresse* des offrandes, pour être ensuite déchargé dans les greniers de la fabrique. Le ladre

(1) Manuscrit de 1668, par M. le curé *Delhotel*.

mis au ban de la société ; le noble Castillan, « *pauvre esclave, captif sous le joux des Turcques* », revenu des côtes de Barbarie avec les insignes de son esclavage, *ex-voto* significatif toujours subsistant ; la mère tenant dans ses bras le corps inanimé d'un enfant qui n'a pu recevoir le baptême, les pauvres ou les riches souffreteux de toutes classes, ne viennent plus, comme autrefois, se réfugier au fond du sanctuaire, sous l'égide de la Vierge *noire*, pour étaler les ravages d'une affreuse maladie, faire entendre les accents d'une pieuse allégresse, ou exprimer les plus cruelles angoisses du cœur humain.

Cet oubli touche à sa fin. Bientôt il ne restera plus qu'une faible distance de cinq kilomètres entre le chemin de fer en construction et le point que nous signalons à l'attention du public. Or, le prestige de l'art chrétien, si bien senti de nos jours, n'est-il pas un retour à des besoins plus réels, plus intimes, plus spiritualistes ! « Les jeunes Français du dix-neuvième siècle, qui reprennent instinctivement le chemin du vieux temple où leurs ancêtres ont prié, » s'arrêteront, pensifs et recueillis, devant cet « *incomparable poëme en pierre que tous les yeux peuvent lire.* » Puis, pour se rendre compte du cachet monumental de l'édifice et de son modeste entourage, ils interrogeront sa raison d'être et le *Palladium* qui attire, sans cesse, les pèlerins dans le lieu saint. La réponse à ces questions ne se fera pas attendre ; car la *légende d'Avioth*, quant à son fond, est bien celle de tous les pèlerinages consacrés au culte de la *Mère de Dieu.* Cette légende, recueillie par un curé du XVIIe siècle, est déposée aux archives de la paroisse (1) : nous allons la transcrire, par extrait, et noter, par ordre de dates, les vicissitudes du temple, avant d'entrer dans le détail des formes architectoniques de ce majestueux bâtiment.

---

(1) Manuscrit de 1668. C'est à M. le Curé *Lesquanne* que revient le mérite de l'avoir tiré de l'oubli.

A une époque, sur laquelle nous reviendrons plus loin, une statue de la Vierge, « *bastie des Anges enuoyés du Ciel,* » est découverte inopinément « *sur un arbre d'espine, au lieu où elle » est encore reposante, pour cejourd'hui, au costé gauche de » l'autel du chœur.* »

« *Quant à son inuention et du temps qu'elle peut auoir esté » treuvé sur ceste espine, l'on n'en peut asseurer, à moing de » date d'icelle esglise, ou d'aultres tittres et documents, et en » cela ce faut conformer aux chartres, fondation du villaige » dudit Avioth* (1), *anchiennes sépultures dans ladit esglise, » et à l'aduenant supputer les années.* »

La méthode judicieuse suggérée par M. le curé *Delhotel* est, en effet, le véritable *criterium* pour rétablir l'enchaînement logique des trois faits qui nous préoccupent.

Mieux renseigné que l'historien de 1668, nous n'avons plus à deviner l'âge de l'église par les sépultures, toutes postérieures au XIVe siècle, qu'elle renferme. Remontant des effets à la cause, de la construction de l'église à l'établissement définitif du bourg, aujourd'hui simple village, et poursuivant le cours de nos investigations, nous arriverons, de feuillet en feuillet, à « *l'inuention* » de la statue *céleste*, point initial de nos Chroniques.

Cette statue, en bois grossièrement sculpté, représente « *la » sacrée Vierge Marie, séante dans un siége, en tenant l'Enfant Jésus entre ses bras. Quant à sa couleur elle tire sur le » noir ou sur le bruine.* »

Le *buisson*, trône primitif de l'image vénérée, fait bientôt place à un *Oratoire* qui couronne « *la cime de la colline ou montagnette espineuse.* »

Dès ce moment, le seuil de la chapelle est assiégé sans relâche par une foule compacte, avide de solliciter les faveurs de la plus

(1) Village du canton de *Montmédy* (Meuse); à 6,500 mètres N. N.-E. de cette dernière ville.

puissante de toutes les patronnes. Des cabanes se groupent autour du sanctuaire improvisé ; et bientôt l'autorité, cédant au vœu unanime des pèlerins, prend des mesures pour exhumer, en ce lieu, un village en ruines, délaissé par suite des désastres de la guerre, peut-être bien depuis *Attila*.

En pareil cas, et dans un siècle de foi ardente, les faits se succèdent rapidement. On conçoit, dès lors, que l'intervalle qui s'est écoulé entre la découverte de la statue et la *renaissance* d'Avioth n'a pas dû être long.

Par une charte, datée du mois de juillet 1223, *Louis IV*, Comte de Chiny, affranchit la *nouvelle ville* d'Avioth à la loi de *Belmont : Noverint universi quod cum, apud Avios, villam novam construximus, burgenses legem Bellimontis tenere concessimus* (1)..... »

L'acte d'affranchissement que nous venons de mentionner, et qui est le troisième en date de tous ceux connus, cet acte avait pour but, et c'est aussi l'opinion du chroniqueur dont nous copions le texte, de développer ce noyau de population et de compenser, par l'appât des franchises, la stérilité d'un lieu « *espineux, inhabité, désert, plein de bosquets, de peu de rapport, et non fructueux.* »

« ...*Donc il ce faut persuader que le seul subiect et motif*
» *du restablissement de ce lieu d'Avioth, ceste ville neuve, at*
» *esté l'inuention de ceste Ste Image, de la concession de plu-*
» *sieurs privilèges qui, par apprès, a obligé le monde de s'y*
» *retirer, et y bastir, traffiquer, à raison de la multitude du*
» *peuple qui y abondoint de toutes parts pour faire leurs déuo-*
» *tions et oblations de leurs offrandes....* »

La bourgade ayant atteint un degré suffisant de développement et de prospérité, l'érection d'un sanctuaire grandiose est projetée ; la collecte des offrandes se régularise « *par formes de*

---

(1) Voir la note 1, à la fin de l'introduction.

» *questes institué auec recepueur à ce commis à chacune* » *prouince et Euesché.* » Chacun apporte sa pierre, chacun glisse son obole dans le tronc, pour participer à cet élan de la piété populaire, et, dans le premier quart du XIVe siècle, l'édifice achevé, ou en voie de construction, déploie ou laisse deviner les magnificences de son plan monumental (1).

« ...*Sur ce nous ne pouons dire aultres choses que ce que* » *j'en ai apris de N. Deuanciers qui en ont aussi apris de leurs* » *ancestres et deuanciers que la dit Esglise at esté bastie et* » *construitte par les moyens des ausmones et charité des bonnes* » *gens, aussi tout ce qu'elle possède pour le jourd'huy prouient* » *d'ausmosnage. Ce qui ce peut encore voir dans les papiers et* » *documens de la dit Esglise, comant ses formes de questes* » *estoient institué auec recepueur à ce comis à chacune pro-* » *uince et Euesche...* »

« ... *Je dit que le motif de la construction du dit village* » *d'Avioth, comme pareillement de son église en ce dit lieu,* » *at esté l'inuention de la sainte image de N. Dame...* »

L'ordonnance primitive de l'église d'Avioth, que le temps a modifiée, sans la rendre méconnaissable, nous reporte au XIVe siècle, époque où l'architecture religieuse s'engageant sur une pente fatale, après avoir atteint, récemment, l'idéal de son complet développement, faisait un premier pas vers sa corruption, en exagérant la richesse des détails, au détriment de la noble simplicité de son apogée, ou premier type (2).

Le monument figure alors la *croix latine,* orientée selon l'usage habituel, et parfaitement régulière. La ligne transversale, qui forme les croisillons, ou transepts, ne dépasse pas les bas-côtés.

Six arcs-boutants flanquent les contours du chœur. Deux bras

(1) Voir la note 2 à la suite de l'Introduction.

(2) Voir la note 3 *ibid.*

semblables, l'un massif, l'autre évidé en dentelle, à pilier-buttant façonné en élégant pinacle, maintiennent en équilibre les parois de la nef.

La façade de l'église, par le perron qui l'exhausse, par son porche admirable, ses deux roses splendides, sa *scène du jugement dernier*, son mystérieux médaillon aux sept têtes, sans doute historiques, présente un aspect noble, grandiose, et imposant. Ses angles se prolongent en tours jumelles, carrées, surmontées d'un toit pyramidal.

Cinq portes, symétriquement disposées, donnent accès dans l'enceinte, en tête de la grande nef, par les transepts, et vis-à-vis la seconde arcade de chaque collatéral. Une seule de ces ouvertures, à l'ouest, étale avec orgueil son magnifique portail, et les nombreuses figurines qui se pressent dans les voussures de l'archivolte.

Ce développement monumental n'a pas été prévu dans le principe, sans doute, pour les entrées secondaires; nous en avons la preuve dans le surplus d'espace pris, par la suite, sur l'une des arcades latérales, pour élargir l'entre-colonnement intérieur qui s'étend, du portail sud réalisé, à celui du nord resté à l'état de projet, et dans l'irrégularité frappante qui en est résultée, pour les arcs en ogive qui surmontent cette colonnade.

Cette défectuosité si grave pourrait être attribuée aussi à l'impéritie trop manifeste du premier architecte qui, ne s'étant pas rendu compte d'abord des proportions de l'ensemble, se serait vu, par après, dans la nécessité de développer les transepts au préjudice des extrémités de la nef, pour donner au chœur le prolongement voulu par le chapitre, dont les stalles devaient figurer, à l'aise, en avant du maître-autel.

L'intérieur divisé en trois nefs, par quatre piliers-colonnes, six faisceaux et quatre piliers cantonnés, qui se répètent en demi-faisceaux contre les murs, mesure 42 mètres sur 18 mètres 50. Ce dernier chiffre donne aussi la hauteur sous clef.

Dans la grande nef trois arcades à droite, et un pareil

nombre à gauche, communiquent aux sous-aîles ; une quatrième débouche, de chaque côté, sur les transepts ; sept autres arcades, avec clôture murée, contournent le chœur, et forment l'abside dont le tracé est pentagone.

Au sommet de l'arcature règne, dans tout le pourtour central, une galerie sans balustrade, *triforium* inachevé.

Des contre-forts, adaptés intérieurement aux angles de l'abside, la divisent en cinq compartiments simulant des chapelles rayonnantes.

Le haut du vaisseau est éclairé par deux splendides rosaces, placées en tête de l'édifice et dans le transept droit, et par douze fenêtres ogivales.

L'enceinte inférieure possédait jadis douze fenêtres, y compris une rose, dans le tympan du grand portail, et deux *oculi*, à la base des tours. On en compte actuellement onze, depuis la suppression de celle qui correspond à la sacristie, et de deux autres placées dans les sous-aîles, compensées, plus tard, par les verrières qui éclairent la chapelle neuve.

L'édifice est décoré, dès le principe, soit en totalité, soit partiellement, de vitraux peints, dont il nous reste un seul échantillon assez complet dans la nef. Ce sont des lozanges, étoiles cerclées et médaillons historiés disposés, dans chaque lancette, en ligne unique et perpendiculaire, sur un fond en grisaille, encadré d'une simple bande multicolore.

Les progrès de cette magique peinture, sublime émanation de l'idée chrétienne, sont peu marquants encore. Enfantée par l'architecture religieuse au XIIIe siècle seulement, elle ne devait atteindre son apogée que dans la première moitié du XVIe, au moment où le style qu'elle reproduisait, sous d'aussi vives et brillantes couleurs, allait disparaître avec le moyen âge tout entier.

L'entre-colonnement du chœur se complète au moyen d'une balustrade en pierre, aux dessins les plus variés. Les compartiments du fond accusent, toutefois, par leur forme déjà prismatique, une date plus récente, ou un second coup de ciseau.

L'emplacement de la *Vierge miraculeuse*, objet principal du pèlerinage, s'embellit de tout le prestige de l'art ogival. Son image trône alors sur un pilier, dont la partie supérieure évidée représente une arcature en forme d'*édicule octogone*. Un dais finement élaboré la surmonte, et fait pendant au riche *tabernacle* placé, vis-à-vis d'elle, au XVIe siècle.

Depuis lors, et jusqu'à la révolution de 93, que de supplications adressées à la *Mère de miséricorde*, que de confidences poignantes du pauvre cœur humain murmurées au pied de cette sainte effigie !

Mais c'est surtout pour faire violence au ciel, en faveur des enfants *morts-nés* et privés du sacrement de régénération, que les mères y affluaient de tous côtés ; 149 enfants, dans lesquels on a cru reconnaître signe de vie, après une fervente intercession, ont été baptisés, d'après des actes authentiques, devant la vierge miraculeuse (de 1637 à 1786), et puis inhumés, en lieu saint, au cimetière d'Avioth.

En 1350, Avioth possède un *atelier monétaire*. Deux pièces de monnaie en argent : *plaque* et *demi-plaque*, à l'effigie de *Godefroid de Dalembrouck*, 15e Comte de Chiny, trouvées en 1827, révèlent ce fait resté inconnu jusqu'alors (1).

La haute renommée d'une église récemment bâtie, et le désir de donner à cette œuvre populaire une sorte de consécration souveraine, ont pu suggérer à ce Prince l'idée de se ménager une résidence d'été au sein d'une localité, devenue le centre d'attraction des nobles et des manants de tout le pays, et de faire frapper, à cette occasion, quelques médailles commémoratives, avec la mention du lieu d'origine : *Moneta Aviothensis*.

En 1372 (2 décembre), une charte de *Wenceslas*, Duc de Luxembourg, investit le Curé d'Avioth du droit d'organiser le

---

(1) Voir la mention de ce fait au tome IV des Mém. de la *Soc. philom. de Verdun*.

Conseil de fabrique : « *de mettre dous hommes suffisants, haians povoir de recevoir et de rendre toutes revenuds, proffits et émoluments apparienant à l'ovraige de fabricque d'icelle église* », et d'en élire d'autres, « *s'il estoit trouvé à compt que li dous eslus par le dit Curcy n'eusse mie bien profitablement governé.* » C'est un témoignage tacite en faveur de la provenance des fonds.

Au XVe siècle, le plan primitif a subi plusieurs modifications importantes. Nous signalerons, en premier lieu, la construction du portail sud qui devait recevoir, sans doute, à l'issue opposée un pendant semblable, dont l'exécution n'a pas atteint, toutefois, le développement grandiose envisagé d'abord.

A la même époque, une sacristie d'un style sobre et presque monumental, à deux étages, *chapelle* et *vestiaire*, vient s'adjoindre au corps de bâtiment principal.

L'étage inférieur reproduit l'ordonnance du chœur, son chevet pentagone, ses nervures, ses clefs de voûte et l'inscription : *Agnus Dei qui tollis peccata mundi ;* mais la *minuscule gothique*, adoptée au commencement du XVe siècle, a remplacé le beau type *majusculaire* tel qu'il s'était fixé au XIIe siècle.

L'idée comparativement moderne d'annexer au corps de bâtiment des sacristies, suppléées d'abord par les *crédences* (car, avant le XVIIe siècle, les Églises étaient généralement dépourvues de cet accessoire), nous confirme dans l'opinion que celle d'Avioth, érigée d'abord en qualité de chapelle, n'a été appropriée que longtemps après à sa destination actuelle.

En 1432, un concordat règle les prétentions élevées à la provision de la cure d'Avioth par les *Seigneurs de Breux*, d'une part, qui justifiaient du titre de *collateurs*, en raison de leurs droits sur le terrain occupé par l'Église, et, de l'autre, par l'*abbaye de Saint-Symphorien* de Metz, dont le patronage s'étendait sur la *chapelle de Saint-Brice, matrice d'Avioth*, au territoire de *Thonne-la-lon*. Ce document stipule que ladite cure se confèrerait, à tour de rôle, par chaque partie contractante. Le nom du Seigneur de Breux, intervenant dans cet acte, est *Ferricus de Chenbrero*.

La chapelle absidale, située à droite du *rond-point*, possède un spécimen unique de rétable ogival en pierre, avec un seul rang de figurines, surmontées d'une suite de dais tronqués, formant arcature.

Ce travail nous reporte aux premiers essais d'une heureuse innovation imaginée au XVe siècle. Précédemment, le type sévère des autels n'admettait que la forme d'un quadrilatère massif, ou d'une table sur pédicules, surmontée d'une croix sans Christ, et de quelques chandeliers posés à plat, et non sur un gradin.

En face du portail latéral surgit un *édicule* admirable, dont l'antique dénomination a été mal interprétée de nos jours. La tradition constante du peuple et le manuscrit de 1668 nous apprennent que c'est la *Receveresse* des *offrandes*, et non des *enfants morts-nés :* ceux-ci, nous l'avons dit précédemment, étaient déposés au fond du sanctuaire et baptisés devant la *statue miraculeuse*.

Ce hors-d'œuvre, type de luxe, d'élégance et de fini, appartient tout entier au second âge de l'époque tertiaire, postérieur à 1480; et n'accuse aucun mélange du style néo-romain.

Le XVIe siècle, par ses nombreux ajoutements, a laissé des traces de son passage sur divers points de l'édifice. La fabrique était en fonds, mais plus d'un essai trop grandiose a dû rester inachevé par suite de l'épuisement du trésor.

Alors le génie de l'architecture religieuse s'affaisse, à bout d'inspiration, d'exubérance, et d'audace. L'imprimerie rend accessible à tous les principes posés par *Vitruve*, et propage un enthousiasme passionné, suivi du désir d'imiter les chefs-d'œuvre de l'antiquité païenne.

Cette révolution architecturale, qui a l'Italie pour berçeau, est transplantée, à la fin du XVe siècle, en Espagne, en France, puis en Belgique.

Le style ogival, faussé et mis à la torture, au terme de sa longue et brillante carrière, n'est plus de force à résister au torrent des idées; et déjà, en 1538, le style néo-romain, dit de la

Renaissance, mélange ses formes, dans nos contrées, avec celles de son devancier.

En 1538, une chaire à prêcher, d'un travail plus naïf que correct, encore dépourvue d'abat-voix, est adaptée à un pilier de la nef. Les bas-reliefs d'architecture qui encadrent ses faces, et surtout *l'aigle* austro-espagnole, à *deux têtes,* sculptée sur le devant de la tribune, complètent, d'une manière très-précise, la date, en partie mutilée, que l'on voit sur son pédicule.

Cette même date est aussi revendiquée par le groupe de l'*Ecce Homo* et par les *quinze statues* qui ornent les piliers de la grande nef. La comparaison du style, du costume, et de certains accessoires communs aux divers sujets, établit ce fait avec la dernière évidence.

Au point d'intersection de la croisée, une vaste coupole, base d'une troisième flèche projetée, reçoit un commencement d'exécution. On est en droit de présumer aussi que le nouveau plan, resté incomplet, devait mettre les deux tours de la façade en harmonie avec celle conçue au XVIe siècle, en leur appliquant à toutes, pour couronnement, des pyramides artistement évidées.

En 1539, une élégante chapelle « *bastie par les ausmones et charités des bonnes gens* » (Man. de 1668), dite *Neuve;* ou de *Saint Jean l'Evangéliste,* spécimen curieux d'accommodement entre deux styles contradictoires, se soude à la base du transept droit. Des peintures à fresques revêtent ses murs, et cette même décoration polychrome embellit les statues et divers autres accessoires.

La date de cet ajoutement se lit, à droite, en chiffres arabes, sur le côté intérieur du pied-droit de l'arcade, qui donne accès dans son enceinte; et ce millésime est corroboré par l'*écusson impérial de Charles-Quint,* sur lequel s'appuie un personnage emblématique, au sommet du pinacle gauche de la façade principale.

Des verrières, plus savamment conçues qu'au XIVe siècle, copies polychromes de l'original, tableaux tout à la fois d'architecture et de statuaire, sont ajustées aux fenêtres supérieures du vaisseau. Ces mêmes fenêtres, rajeunies à cette occasion (1539), constituent un parachronisme de deux siècles, trahi par le style des verrières et démenti par les nervures des voûtes.

En tête de l'édifice, dans le chœur et les transepts, le ciseau a su tirer parti des anciens compartiments; dans la nef, au contraire, la métamorphose a été complète, et le nouvel aspect de toutes ces ouvertures indique alors, d'une façon plus ou moins caractéristique, le second âge de l'époque *flamboyante*, calqué sur le modèle de la *chapelle neuve*, sauf une seule fenêtre au côté gauche de l'orgue, dont le style et les vitraux primitifs se sont maintenus intacts jusqu'à nos jours.

Une petite tribune, *ambon* avorté, à balustrade en pierre, ouverte sur le devant, se place à gauche du maître-autel.

L'église est dotée d'un magnifique *tabernacle pyramidal* en pierre. L'arc infléchi de ses baies, et d'autres points d'analogie très-précis entre lui et la chapelle neuve, établissent la date de son érection.

Une inscription, en caractères gothiques, étrangement accouplés et d'un type très-abâtardi, est découpée, à jour, dans la porte en fer de son armoire. On croit pouvoir y lire : *iustus,* contraction de *Jesus-Christus,* et le mot *Chrisma,* au complet.

Cet écriteau explique suffisamment le but de ce meuble d'église monumental, imaginé au XVe siècle seulement. C'est le lieu de dépôt des espèces sacramentelles, que l'on conservait précédemment, et depuis la suppression du *ciborium,* dans une crédence, ou bien encore dans des pyxides suspendues au-dessus de l'autel. La coutume, qui s'est perpétuée jusqu'à nos jours, de placer au centre de l'autel même un tabernacle construit sur des dimensions plus petites, n'est devenue générale qu'au XVIIe siècle.

Le style du tabernacle se retrouve encore dans une élégante crédence de chœur, et dans une petite niche, avec figurine, posée contre un pilier, près de la chaire à prêcher.

En 1587, sinon précédemment, le clergé de notre église a cru trouver l'origine du mot *Avioth* dans l'invocation : *Ave o theotocos Virgo;* et il fait graver, sur le sceau de la paroisse, cette étymologie explicative du culte de *Notre-Dame*.

Au déclin de ce même siècle, qui se signale par une première corruption du style de la renaissance, un *maître-autel* en bois, à retable pseudo-corinthien, lourd portique aux colonnes torses, bosselées, avec cintre orné de caissons, remplace un autel antérieur, dont nous ne connaissons autre chose que les deux sujets principaux qui y figuraient, savoir : la *sainte Trinité* et l'*Assomption de la Vierge*.

Un retable du plus mauvais goût, imitation maladroite et simplifiée de celui du chœur, se superpose aux autels antiques en pierre de l'abside, qu'une boiserie étrangement bariolée rend méconnaissables.

Nous voici arrivé à un premier déclin de cette œuvre monumentale, jusque-là si brillante de fraîcheur et de vitalité. A partir de ce moment, et jusqu'en 1834, nous n'aurons plus à enregistrer que des actes de vandalisme, des altérations qui amèneront insensiblement sa décrépitude.

En 1599, l'Infante *Isabelle,* gouvernante des Pays-Bas, faisant droit à la requête de « *ses bons et amés les manants et habitants du village d'Avioth* », leur octroie, par une première charte du 21 janvier, un *marché hebdomadaire;* et, par une autre charte du 24 février *cinq foires,* « *franches du droit de tonlieu dheu au Roy* », pour les mettre à même de pourvoir au rétablissement de leur église récemment pillée par les Français.

L'invasion du Luxembourg, en 1594, par le Duc de Bouillon, à la tête d'un corps de Huguenots, au début d'une guerre entre Henri IV et Philippe II, terminée, en 1598, par la *paix de Vervins,* explique ce fait mentionné dans la charte du 24 février.

En 1636, un corps de Croates, de Hongrois et de Polonais, au nombre de 8,000 hommes, à la solde de Philippe IV, roi d'Espagne, alors en guerre contre Louis XIII, se croyant déjà arrivés en France, commettent à Avioth, et aux alentours, des excès inouïs et, faute de mieux, font main-basse sur les tuyaux de l'orgue et sur le carillon de l'horloge.

Cette même année de guerre, famine et contagion, clôt le nécrologe des hauts personnages inhumés dans l'église d'Avioth. Cette date, 1636, et celles qui précèdent, 1411, 1421, 1430, 1456, 1462 et 1572, nous sont fournies par un *sarcophage* surmonté d'une statue, par une belle pierre tombale, avec dessin au trait d'une défunte, et se lisent sur des tablettes en marbre, en ardoise et en pierre, incrustées dans les murs ou dans le pavé.

La peste enlève à ses ouailles le pasteur d'Avioth, M. *Jean Piere*, moissonne *onze cent mille personnes* dans la contrée, et met au nombre de ses victimes trois enfants : *Jean-François, Arnold* et *Marie-Ernestine*, frères et sœur du vaillant gouverneur espagnol de Montmédy, *Jean V d'Allamont*, seigneur de *Malandry*, tué sur la brèche le 4 août 1657, à l'âge de 30 ans, après avoir tenu en échec, pendant plusieurs mois, avec une poignée de braves, l'armée assiégeante commandée par Louis XIV en personne. Une même dalle en marbre recouvre, à droite du maître-autel, ces jeunes rejetons d'une souche illustre.

En 1649, le recteur et les chapelains d'Avioth, contraints d'invoquer l'appui de la cour de Rome, pour mettre un terme aux empiètements des Franciscains de Luxembourg, qui convoitaient le gouvernement du pèlerinage, assignent à leurs droits de jouissance une durée de *trois cent et quelques années*, et fixent ainsi, d'accord avec le style, la véritable origine de ce sanctuaire.

En 1657, date de la prise de Montmédy par les Français, l'armée du grand roi dépouille l'église de sa toiture de plomb.

En 1668, les archives de la paroisse s'enrichissent d'un écrit intitulé : *Bref recueil de l'estat de l'église N. Dame d'Avioth, fait en l'an 1668, par M. Jean Delhotel, humble Curé du dit Avioth.* Ce manuscrit, que l'on peut consulter avec fruit, fournit des notions précieuses, et résume les anciennes légendes, ou traditions.

Une tribune est érigée en tête des nefs, pour recevoir l'orgue, qui figurait précédemment, dit-on, sur le côté, à proximité du transept gauche. Ce remaniement entraîne la suppression de la première arcade de chaque collatéral. La chapelle sépulcrale des *Seigneurs de Breux*, sise sous la tour gauche, est ainsi convertie en lieu de décharge pour les matériaux de construction, et son *cénotaphe* va se loger au rond point de l'abside.

Les fresques de la chapelle neuve disparaissent sous une couche de chaux, et l'édifice tout entier perd la teinte antique et sévère qui s'harmoniait si bien avec la haute poésie de cette belle page architecturale.

En 1771, les cloches passent au creuset pour être refondues.

En 1786, cinq fenêtres du chœur perdent leurs vitraux peints, supprimés, dit-on, par ordre du clergé, pour donner plus de jour à cette partie réservée du temple (1).

En 1790, les stalles en bois, posées quatre ans auparavant, sont complétées par divers bas-reliefs sculptés avec une exquise délicatesse.

Par un effet de l'ignorance de l'artiste, qui ne s'est pas rendu compte de la valeur d'un signe reproduit d'après des boiseries de même nature, ces stalles, ornées de *l'aigle à deux têtes*, revendiquent une date apocryphe, et nous reportent au règne de Charles-Quint (1519-1556).

En 1793, toutes les cloches, au nombre de cinq, sont confis-

(1) Ce fait, rapporté par le peuple, n'est pas suffisamment avéré, car les comptes de la fabrique n'en font pas mention.

quées. Deux de ces cloches, livrées aux églises de Breux et de Thonne-le-Thil, y subsistent encore.

Le marteau iconoclaste frappe les statues des portails, celles de la Receveresse et de la chapelle neuve ; il décapite les unes, broie les autres et dévaste le lieu saint. Un mur de soutenement, au perron de l'édifice, est restauré, plus tard, avec ces mêmes statues converties en moellons.

L'édifice, privé des revenus de sa fabrique, reste, pendant 31 ans, exposé, sans entretien, aux intempéries des saisons. Des torrents de pluie se font jour à travers la toiture et les lunettes des voûtes. Ces voûtes, saturées d'humidité, se dilatent par l'effet de la gelée, écartent violemment les parois latérales de la grande nef, trop parcimonieusement pourvue d'arcs-boutants ; puis elles se crevassent et, au moment où nous écrivons ces lignes, *leur chute est imminente !*

En 1811, une seule cloche, de faibles dimensions, supplée, bien insuffisamment, à l'ancienne sonnerie qui appelait les fidèles à la prière. — En 1824, un premier secours de 30,000 francs, alloué par le Gouvernement, permet de rétablir la toiture. — En 1831, l'orgue, resté muet pendant 39 ans, reçoit un commencement de restauration, complétée en 1851.

1834 inaugure une phase plus prospère pour l'église d'Avioth, si longtemps méconnue et délaissée. — Les *deux portails* et la *Receveresse* sont classés comme *monuments historiques*. Le devis des sommes réquises pour arriver à une restauration générale, se porte à 117,000 francs. Déjà 76,000 francs, environ, ont été employés aux travaux de simple consolidation. — En 1836, une charmante crédence ogivale de la chapelle *neuve*, mutilée pour recevoir une nouvelle destination, se substitue aux anciens fonts-baptismaux mis au rebut. — En 1845, la *Receveresse*, naguère si délabrée, se reproduit avec toute la fraîcheur et le luxe de son premier âge.

Toute la base de l'édifice, rhabillée à neuf, attend son dernier coup de ciseau. Les travaux marchent lentement, trop lentement, mais des matériaux aux dimensions fabuleuses sont sur le chantier pour renouveler l'arc-boutant du côté gauche de la nef, qui fléchit de plus en plus sous la pression d'un poids qu'il ne peut plus maintenir en équilibre. Ces blocs seront-ils employés à temps ? espérons-le !

En terminant ces annales, nous aurions désiré pouvoir présenter l'église habilement restaurée, étalant de nouveau à l'admiration des amis des arts, à la piété naïve des pèlerins, ses richesses artistiques, dans toute leur splendeur primitive.

La sollicitude du Gouvernement ne lui fera plus défaut, sans doute? et, tôt ou tard, le public constatera ce que nous n'avons pu qu'entrevoir en perspective.

Telle est, d'après un écrit du dix-septième siècle, la merveilleuse *légende d'Avioth*. Tels sont les *on dit* poétiques du peuple, les traits de lumière extraits des archives, les résultats presque mathématiques que nous présente la physionomie du temple. La *vieille statue* vermoulue reste debout sur sa base antique, comme point initial des traditions, dont nous avons suivi pas à pas les anneaux pour les rattacher.

Nous livrons à la critique et aux commentaires du lecteur ce faisceau de conjectures, de faits et de dates, et nous lui disons avec le pieux chroniqueur de 1668 :

« Si j'a prins pour subiect de dire mon sentiment de ceste » église miraculeusse de *N. Dame d'Avioth*, et si ce mien pré- » sent petit rescueil de mon petit labeur ne se treuve oncques » si bien réglé par un stil et méthode qui pourroit mieulx con- » venir, ce n'est, toutefois, que soubs la correction des plus » coignoissants et intelligibles que moy en ceste matière, à la- » quelle, en ce cas, ie me soubmets. »

NOTES HISTORIQUES.

NOTE 1.

Avioth est un *lieu dit* d'ancienne date.

« Dès le XIe siècle (lettre de M. le Président Jeantin à l'auteur), » *Hugues d'Ardenne,* sire de *Pouilly, Inor, Martincourt, Avioth* » (1067), *Etienne* et *Pierre* ses fils (1156, 1160, 1164, 1168), *Hugues* » et *Lambert l'ancien*, ses petits-fils (1156), *Ponsard, Richard* et » *Mathilde, Lambert le jeune, Richer* frère de *Richard, Nicolas,* » *Rodolphe* et *Engobrand,* ses arrières-petits-enfants (1230), étaient » co-propriétaires, *apud Avios,* de *terrains cultivés,* dont ils donnaient » les *dixmes* à Orval. »

Ainsi il y avait en ce lieu, depuis longtemps, une aggrégation de cultivateurs. Cette aggrégation avait-elle, dès lors, le caractère et l'importance d'un *corps de bourgeoisie* régulièrement établi, puis désorganisé pendant un certain temps, et reconstitué définitivement en 1223; ce que semblerait indiquer le mot *restablissement* employé par le chroniqueur? ou bien le privilége en question ne remonte-t-il réellement qu'à cette dernière date?

Le savant historien, cité plus haut, fait cesser cette incertitude : « Recourez, écrit-il, aux chartes de 1156 par l'archevêque *Samson* de » Rheims, de 1206 par l'évêque *Albert* de *Hirgis* de Verdun et par le » comte *Louis IV;* recourez à celle de 1230 par *Arnoulx III* de Chiny » (et autres), et vous y verrez que le mot *nova villa* ne peut s'entendre » d'un *établissement primitif sur des ruines romaines,* mais bien » d'un *rétablissement* de villages plus récemment ruinés. »

« L'interprétation de ce mot *nova villa* ne peut être équivoque, quand » on le trouve opposé à *veteri villæ,* dans une charte presque contem- » poraine, celle de *Montmédi* de l'année 1239, où les Bourgeois d'A- » vioth sont cités expressément. »

Nous laissons aux érudits le soin de faire concorder ces développements avec les termes de la charte de 1223. Au surplus, nous n'avons essayé de sonder le mystère des annales d'Avioth, antérieures à l'époque où le village prend place officiellement dans l'histoire, que pour nous rendre compte, d'accord avec le manuscrit de 1668 et avec les traditions du clergé, de l'influence que le culte de la *statue miraculeuse* peut avoir eu, au XIIIe siècle, sur les destinées de cette localité et, plus tard, sur celles de son sanctuaire.

Pour plus amples détails, voir la note suivante et le premier chapitre de la seconde partie.

NOTE 2.

Pour mettre le lecteur à même de se prononcer, en toute connaissance de cause, sur les deux versions qui se disputent le mérite d'avoir dévoilé le berceau de l'église d'Avioth, nous placerons sous ses yeux le récit de *Berthelius* (1) et les conséquences qu'on en a tirées par la suite, le voici :

« *Dùm porrò* Ricuinus, *anno 945, diem claudens extremum, ingentem* » *pecuniarum vim suis reliquisset posteris,* Arnulphus Chiniacj Dominus » (*uxorio jure*) *æqualem exindè sibi cum cœteris vindicavit portionem.* » *Summâ igitur pecuniæ prœgrandi ditatus* Arnulphus, *tacitùs apud se* » *disquerere cœpit in quem usum satiùs foret ejusmodi thesaurarum* » *insumere. Et ecce menti ejus occurit quod, pro nobilium potentiorum* » *more, Castellum nullum statùs sui dignum amplitudine haberet.*

» ... *ædificio hoc porrò ad perfectionem deducto, suasu* Sigifridi *Comitis* » *Luxemburgensis primi,* Arnulphus *ad* Brunonem, *Archiepiscopum Colonensem,* Ducem Lotharingiæ, *Imperii Cancellarium, et* magni Othonis » Imperatoris *fratrem, profectus, ab eo enixè petiit* Chiniacam suam Provinciam in Comitatum erigi. *Archiepiscopus, tùm Imperii procerum* » *precibus et suasione permotus, petitioni Arnulphi assentitus est, et,* » nomine Cæsaris absentis, cum Chinensem Comitem primum instituit » et ordinavit, *eâ conditione ut* juxtà castrum præfatum *Ecclesiam fundaret dotaretque. His ità feliciter gestis, ad propria reversus* Arnulphus, » *à suis summâ congratulatione exceptus est, ut* Comes Chinensis, *cum* » *honore, omnibus consalutatus : nobiles deindè vicini, aliique de plebe*

---

(1) *Respublica Luxemburgensis*, par *Berthelius*, religieux bénédictin, d'abord abbé de *Munster* à Luxembourg, ensuite d'*Epternach*, né à Louvain en 1559, et mort en 1607.

» *viri, ad eum confluentes, domicilia sibi circà ejus castrum figere licere* » *expetierunt; quibus ille singulis singula loca assignans, lubenter con-* » *descendit. Cùm itaque, temporis successu, per Castri vicinium adverteret* » *novus iste Comes domos insignes ac frequentes assurrexisse, muris* » *atque fossis locum cingi, portis firmari, ac deindè turribus communiri* » *curavit; ex quo quidem facto* Chiniacum *illud nobile processit existen-* » *tiamque accepit* Oppidum, *et idem* cum Castro *tanquam* primarium » Comitatùs membrum *nomen* Chiniacum *accepit.* »

Arnoux enrichi, en 945, par la mort de *Ricuin* duc de Mosellanne, son beau-père, devient ambitieux. Séduit par la perspective de voir sa terre de Chiny érigée en Comté, il va prendre conseil auprès de *Sigefroid*, premier comte de Luxembourg. Ce prince l'adresse à *Brunon*, archevêque de Cologne, duc de Lorraine et chancelier de l'empire, qui lui confère, *au nom de l'Empereur absent*, le titre convoité, mais *sous la condition de faire bâtir, à proximité de son château de Chiny, une église et de la doter convenablement.*

Cette église est, dit-on, celle d'*Avioth*, dont le caractère monumental semble se prêter aux circonstances exceptionnelles dans lesquelles aurait eu lieu, d'après *Bertels*, l'investiture du comte *Arnoux*.

Pour expliquer le démenti donné par le style à cette version du texte, il faudrait admettre, gratuitement, un ou plusieurs édifices *antérieurs*, expédient que le défaut absolu d'indices de tout genre ne nous permet pas de sanctionner.

Les anciens nous montrent un *comte de Chiny*, à genoux, avec son épouse, au grand portail. La critique littéraire s'emparant, par la suite, de cette tradition confuse, et la rapprochant du texte de *Bertels*, crut avoir trouvé le mot de l'énigme. C'est ainsi que le personnage mystérieux, dont le peuple avait oublié le nom, devint *Arnould, premier comte de Chiny*.

Il y a toujours, au fond des récits populaires, une certaine dose de vérité qu'une saine critique, basée sur des données irrécusables, parvient, tôt ou tard, à dégager de ses oripeaux d'emprunt. La découverte récente (1827) d'une monnaie du XIVe siècle, frappée à Avioth, nous permet de soulever un petit coin du voile.

Nous pensons que, sinon *Louis IV* (sous le règne duquel pourraient bien avoir été établis les premiers fondements de l'édifice), au moins, et plus probablement, *Godefroid de Dahlembroeck*, quinzième comte de Chiny (sous le règne duquel l'église d'Avioth a été sinon bâtie ou *du moins achevée*, et qui a fait frapper la monnaie que nous venons de mentionner), pourraient, tout aussi bien que le style, cette pierre de touche des documents écrits, s'inscrire en faux contre les conclusions d'un publiciste moderne, M. l'abbé *Courtois*, qui, se croyant mieux avisé que MM. les *chapelains d'Avioth*, ses prédécesseurs depuis cinq siècles, s'est imposé la tâche de battre en brèche leur opinion, suivant lui par trop surannée.

Nous n'admettons pas Godefroid comme *bâtisseur de l'église*, le fait est formellement démenti par les chartes; nous avons simplement à cœur de constater l'illustration que le séjour de *Godefroid* à Avioth a reflétée sur cette localité et empreinte dans les souvenirs de nos pères, bien que ce prince n'ait porté le titre de *Comte de Chiny* que de 1350 à 1354.

NOTE 3.

Le style *ogival* greffé, on le sait, dans la première moitié du XIIe siècle, sur l'architecture *romane*, à titre d'essai, puis supplantant son aînée, compte trois types (ou époques) bien caractérisés : le style *ogival primaire*, ou à *lancettes* (1), qui fleurit pendant la seconde moitié du XIIIe siècle; le style *ogival secondaire*, ou *rayonnant* (2), qui régna au XIVe siècle; et le style *ogival tertiaire* ou *flamboyant* (3), subdivisé par M. *de Caumont* en deux âges, dont le premier s'arrête à 1480, et dont le second accuse, dès 1538, dans notre sujet, un principe de *transition* aux formes néo-classiques du style de la *renaissance*.

Devenue prédominante au XVIIe siècle, et, depuis lors, appliquée sans mélange à la construction d'édifices consacrés au culte, cette dernière forme architecturale a été seule usitée jusqu'à notre époque essentiellement éclectique, qui n'a plus de style exclusif, et qui reproduit et combine, avec plus ou moins de succès, les types de tout âge et de toute nature.

---

(1) L'arc *lancéolé*, dit M. *Schayes*, est celui dont la courbure des arcs générateurs se prolonge au-dessus de la corde, sur laquelle sont placés les autres.

(2) Cette dénomination lui vient des compartiments de ses vastes fenêtres. L'arc en *tiers-point*, qui caractérise encore ce style, est ainsi appelé parce que ses centres sont pris au tiers opposé de la corde.

(3) Les découpures contournées des fenêtres et balustrades de cette époque expliquent cette désignation.

PREMIÈRE PARTIE.

EXTÉRIEUR DU MONUMENT.

I.

ORIENTATION.

L'*extérieur* de l'église d'*Avioth* est un digne prélude au profond recueillement qu'inspire l'ordonnance mystique de son intérieur.

Rien ne saurait rendre le magique tableau qui frappe les regards du spectateur posté, à un point de vue convenable, de manière à fixer simultanément les faces ouest et sud de l'édifice.

La façade imposante, avec les tours jumelles qui l'encadrent, l'exquise pureté du chevet du chœur, les richesses de ce bijou artistique que l'on nomme la *Receveresse,* le style bâtard et maniéré de la *chapelle neuve,* les deux portails avec le *personnel* sacré qui se presse dans les voussures, le fini des arcs-boutants, le dessin en filigrane des nombreux clochetons, « ce vaisseau » aux proportions à la fois vastes et gracieuses, toutes ces mer» veilles de sculpture et de hardiesse, impriment à l'âme un » sentiment éminemment religieux. L'aspect d'une basilique » frappe les sens comme le ferait une poésie sublime ou une » belle mélodie (1). » (M. De Caumont.)

---

(1) « Le *moyen âge* est plein de poésie ; il nous en a laissé des mo-

Conformément au mode invariable d'orientation adopté, au moyen âge, pour les édifices consacrés au culte, le montant perpendiculaire de la croix, représenté par la nef et le chœur, se dirige de l'est à l'ouest, le chœur étant au levant et la porte au couchant : le bras horizontal, que figurent ce qu'on nomme les croisillons, s'étend du nord au midi.

II.

PORTAILS.

« A righting of all the wrongs of ages ! — a
» solving of all moral problems by an unans-
» werable wisdon ! »

» *Et vos beata, per novem*
» *Distincta gyros, agmina !*

Hymne.

L'ornement le plus grandiose, le plus riche en détails, à l'extérieur de l'église, consiste dans les *deux portails*, surmontés

---

« numents sans nombre, depuis les touchantes effusions de l'extatique » *François d'Assise* et le chant immortel du *Stabat Mater,* jusqu'à « l'œuvre gigantesque du *Dante :* mais ces chants suaves ou sublimes ne « se font pas entendre de tous, et il est d'autres poëmes de ces temps « méprisés que tous les yeux peuvent lire encore ; ce sont ces incomparables poëmes en pierre, ces temples, sans rivaux, qu'on appelle *Cathédrales,* et où l'on ne sait ce qui doit ravir le plus, ou de la hardiesse » des constructions, qui jaillissent à une hauteur inconnue de l'antiquité, » ou de la majesté et de l'unité de l'ensemble, ou de la richesse des » détails, ou du reflet de la *Rédemption,* qui est partout, et qui pénètre » l'âme de ce sentiment qui tient à la fois de la tristesse et de la joie, et » qui s'appelle espérance. »

V. Dechamps, *le Libre examen de la vérité de la foi.*

d'une plate-forme à balustrade, qui la décorent à l'ouest et au sud.

Un gable, bordé de larges feuilles d'acanthe capricieusement contournées ou de mauve frisée, couvre l'arc majeur et sert d'encadrement, — ici, à la niche dans laquelle trône la Majesté divine, sous la figure du *Verbe,* — et, là, à la statue de la vierge *Marie....* toutes deux placées sous une flèche pyramidale, hardiment évidée, au-dessus de laquelle s'élève le gracieux panache qui termine le sommet des gables.

Au frontispice figurent les *grandes assises du genre humain.* Le naïf tailleur d'images, s'inspirant des strophes pathétiques du *Dies iræ* et du sens mystique de son œuvre, a fait preuve d'un choix judicieux en donnant pour épigraphe à cet asile, ouvert par la religion aux vivants et aux morts, « *le redressement des torts de tous les âges, la solution de tous les problèmes moraux, par une infaillible sagesse ?* »

Le *Fils de l'homme,* le front ceint du diadème de sa passion, est assis à la cime de l'ogive extérieure ; ses deux mains, levées en signe de commandement, semblent confirmer le formidable appel : *Surgite mortui ; venite ad judicium !*

Quatre anges, sonnant de la grande trompette que l'on appelle *olifant,* lui prêtent leur ministère et proclament ses ordres.

A sa droite, trois justes, obéissant à la douce invitation : *Venite benedicti patris mei !* secouent leur paisible sommeil ; l'un d'eux est déjà debout et adore son rémunérateur.

A gauche, plusieurs réprouvés, dont l'un se manifeste sous la forme d'un hideux squelette, emblême de la flétrissure du péché, s'arrachent avec effort à la captivité du tombeau, pour entendre prononcer l'arrêt fatal : *Discedite à me, maledicti, in ignem æternum !*

Au-dessous de la figure principale, et en dehors du gable, figurent *deux personnages,* — à droite du spectateur un *homme* parcimonieusement vêtu d'une chemise très-courte, tête et membres nus, — et, vis-à-vis de lui, une *femme* dont la robe longue n'offre rien de caractéristique, — tous deux agenouillés tendent les mains vers le Juge suprême (1).

L'accoutrement mesquin de ce *couple énigmatique*, costumé en *pâtres de la Genèse*, sans aucun indice d'une dignité quelconque, n'est pas, assurément, celui qu'il eût dû recevoir au XIVe siècle, si l'artiste avait eu à représenter le premier *Comte de Chiny, fondateur de l'église*, accompagné de sa femme ; car telle est actuellement la croyance populaire (2).

Nous ne soulèverons pas la question de savoir si cette hypothèse est applicable à un sanctuaire, *qui aurait précédé celui du XIVe siècle ;* ces recherches ne sont plus du domaine de l'histoire. Qu'il nous suffise de dire que l'interprétation vulgaire, accréditée par les *ciceroni* du village, n'était pas même soupçonnée à Avioth, il y a deux siècles ; la charte de 1599 et le manuscrit de 1668 nous le démontrent. La *statue tumulaire du rond-point* revendique, au même titre, une qualification

(1) M. le président *Jeantin*, qui a examiné soigneusement ces statues, quand elles avaient été descendues pour les travaux de restauration, a remarqué que l'*homme* avait notamment pour costume une *peau de loup* pendante de l'épaule droite sur le dos, et qu'un *loup, terrassé* sous ses genoux (symbole de l'impiété vaincue), le menaçait de sa gueule entr'ouverte armée de formidables dents.

(2) Qu'au XIVe siècle un pieux couple, placé au sommet de l'échelle sociale, ait jugé à propos de se faire figurer ainsi à l'instar des pénitents de la primitive église, aux pieds du Dieu de miséricorde et de pardon, à la suite d'un vœu fait à Notre-Dame d'Avioth ; que ces mêmes pèlerins aient, en outre, grossi le chiffre des libéralités du peuple ! une hypothèse ainsi formulée n'aurait rien que de fort naturel, et ne se mettrait pas en désaccord avec les traditions du clergé. Resterait à rendre compte du silence des vieux chroniqueurs.

La dévastation de l'église, en 1596, a bien pu faire disparaître des papiers ; mais une vicissitude de ce genre n'a pas d'action sur la tradition orale. Les souvenirs confus du peuple, qui ont donné naissance à tant de conjectures, auraient-ils cette signification ?

d'emprunt; ici, comme là, il est aisé de se rendre compte de l'erreur et de la réduire au néant (1).

Plus bas, dans l'espace ménagé, de part et d'autre, entre la base de l'ogive et du gable, se tiennent, dans la même attitude suppliante, *deux autres figures* revêtues d'habits flottants.

La place d'honneur appartient sans contredit, à *deux statues colossales*, placées, *au-dessus de toutes les autres*, au niveau de la *grande rose*. Celle qui occupe la *droite* du spectateur représente une *matrone, en costume de veuve*, avec guimpe, voile et robe flottante. Sa taille est affaisée, ses joues sont caves et des rides sillonnent son visage, qui respire une douce sérénité. Point d'accessoire caractéristique pour hasarder un nom ! Mais l'extérieur plein de noblesse et de dignité de sa personne, mais la *liasse de feuillets* qui s'échappe de sa main, lui impriment un cachet éminemment historique (2).

La *seconde femme* accuse un âge moins avancé. Son front est ceint du *diadème monté de fleurons:* sa main gauche nous montre le *vase des bonnes œuvres*, ou la *lampe mystique* de la vigilance, et sa droite s'appuie sur un *long bâton*, dont l'ornement terminal a disparu.

Quelle est cette vénérable douairière, vêtue en *dame blanche*, avec son simulacre d'*actes sur parchemin?* Quelle est cette princesse jeune et gracieuse? Quelles sont ces femmes qui semblent revendiquer, toutes deux, du haut de leur piédestal imposant, un *droit de patronage* sur le temple?

Chose étrange! en 1668, trois siècles après le début de cette bâtisse colossale.... cent ans, à peine, après sa restauration dernière et la réalisation de plusieurs ajoutements dispendieux, le

---

(1) Voir la note II, à la suite de l'introduction et le premier chapitre de la seconde partie.

(2) Voir la note historique de M. *Jeantin* à la fin de la description du grand portail.

coup d'œil rétrospectif de M. *Delhotel*, sur la participation présumée des *grands* à l'œuvre du *peuple*, n'aboutissait qu'à de simples conjectures. Nous citerons ses propres termes :

« *Représenté-vous, Fidels, que aussitôt l'inuention de ceste*
» *Sainte Image de N. Dame, au lieu come ci-desus nous auons*
» *dit, plusieurs miracles ce sont veu et infailliblement bien*
» *avéré et recoignu et de divers subjet, ce qui at, par inspi-*
» *ration du St Esprit, obligé les potentats ecclésiastiques et*
» *temporels de résouldre l'établissement de ceste église, et que*
» *cela ce pouras faire par les moyens des ausmosnes, charités*
» *et libéralités des uns et des autres, et que pour ce des questes*
» *soint faites entre les fidels obtenant des supérieurs à ce subjet*
» *patentes... ses questes ont grandement soubvenu à l'érection*
» *de ceste Eglise; joint, comme il est à croire, les autres libé-*
» *ralités des Souverains* (1)...»

---

(1) Nous trouvons, dans les lignes suivantes, la confirmation du récit de M. *Delhotel* :

« Au moyen âge on entreprenait fréquemment la construction des
» églises les plus vastes avec de très-faibles ressources : on comptait,
» pour la continuation de l'œuvre, sur le zèle et la piété des fidèles;
» aussi les lettres d'indulgences accordées par les papes, par leurs légats
» et par les évêques, en faveur de ceux qui contribueraient de leurs
» deniers à l'achèvement des églises, sont-elles très-nombreuses, et des
» documents précieux pour l'histoire de l'architecture de cette époque.
» Voilà pourquoi l'on mettait, alors, souvent deux ou trois siècles à ter-
» miner une église, que l'on construirait aujourd'hui, de fond en comble,
» en moins de dix ans. De là, aussi, le manque d'unité dans le plan et
» dans le style, et tant d'autres irrégularités choquantes, qui défigurent
» beaucoup de nos anciens monuments religieux. »

(*Schayes, Histoire de l'Architecture.*)

Ces données historiques sont parfaitement applicables à notre sujet. L'église d'Avioth, déjà affectée au culte en 1372, et couverte, avant la fin du XIVe siècle, de sa voûte actuelle, dont l'inscription nous fournit,

Les voussures des archivoltes des deux portails sont peuplées d'une multitude de statues, — 66 dans celui du couchant, et 74 dans l'autre ; — elles sont espacées par des dais, dont le sommet aplati tient lieu de socle.

La plupart de ces figurines n'ont aucun cachet d'individualité propre, et un examen détaillé n'aboutirait qu'à un résultat purement hypothétique. Indépendamment des divers insignes qui les accompagnent, applicables à un classement par catégories, tels que palmes, sceptres, croix pontificales, ornements sacerdotaux, livres fermés et ouverts, elles déploient, presque toutes, le *phylacterium*, c'est-à-dire, la longue banderole, *chartula*, muette pour l'archéologue. Un fruste prononcé et des mutilations trop nombreuses viennent encore rétrécir le cadre des investigations.

L'ancienne et la nouvelle loi, avec leur personnel d'élite : patriarches, prophètes, apôtres, lévites, docteurs des ordres monastiques et de la prélature, ces derniers décorés du *pallium* et couverts de la mitre très-basse qui, dès le XVIe siècle, a grandi outre mesure, — le trône et ses représentants les plus illustres : *David, Salomon, Clovis, Dagobert, Charlemagne*, etc., — la doctrine chrétienne et ses paraboles.... s'échelonnent, le long des voûtes, en arceaux concentriques.

---

par ses formes graphiques, une limite d'âge incontestable, était loin d'être achevée alors ; car le dernier étage des tours, le portail latéral, la sacristie, la *Receveresse*, l'ornementation complémentaire du grand portail et des piliers-buttants, enfin, tous les accessoires du vaisseau, se classent, évidemment, dans le XVe siècle.

Le double cachet de la bâtisse désigne, ainsi, non une restauration, mais bien l'insuffisance des ressources, dont le produit ne se mesurait pas au gré des exigences de cette œuvre presque séculaire. Le même temps d'arrêt, la même pénurie de fonds se manifestent dans les ajoutements du XVIe siècle : le *dôme* de cette dernière époque, comme le *triforium* du premier jet, resteront à jamais inachevés.

Ce choix de sujets, commun à la plupart de nos vieilles cathédrales, n'est pas classé ici, comme ailleurs, par séries qui correspondent à des rayons distincts; et le pêle-mêle, produit par l'absence de méthode, ajoute à la difficulté de trouver un nom.

Dans la galerie des souverains de l'ère chrétienne, qui comprend une bonne partie du cordon extérieur du portail sud, le vainqueur de *Tolbiac*, seul, met en évidence son identité. Ce prince désigne de l'index la *sainte ampoule*, d'origine céleste, écrasée, treize siècles plus tard, sous le pied du conventionnel *Ruhl*. C'est non loin de là, apparemment, qu'il faut chercher la douce *Clotilde*, dont la piété eût tant d'empire sur le cœur de *Clovis* et de ses compagnons d'armes.

On a même trouvé moyen de caser de front, dans sa niche étroite, une statue équestre de monarque, la partie antérieure du cheval suspendue dans le vide. Cette distinction unique nous rappelle le prestige qui entourait, au moyen âge, le conquérant canonisé, *Charlemagne* (grand portail).

La même incertitude, la même absence de caractère particulier et de traits distincts, se manifestent, sauf quelques exceptions, dans le *personnel de l'ancienne loi*. Entre autres noms, que nous nous abstiendrons de mentionner, faute d'indices sûrs, cette série, dont les membres sont répartis sans ordre dans les deux portails, nous fournit :

— Un *patriarche* entouré d'une auréole de rameaux généalogiques, en face d'un autre vieillard, assis tous deux à la base droite et gauche de la voussure du fond (grand portail), qui nous paraît consacrée, presque exclusivement, aux ancêtres du *Messie*. Le regard inspiré de ces deux personnages contemple, dans la splendide vision des siècles futurs esquissée par le ciseau de l'artiste, les hautes destinées de la tribu de *Juda*, depuis le premier rejeton de *Jessé*, jusqu'à *celui*, figuré à la cime de l'ogive majeure, qui couronne cette lignée sans pareille dans l'histoire.

Quelques-uns de ces *voyants*, dont l'attitude extatique est frappante de vérité, sont munis du *stylum*, ou tube de roseau taillé en plume, et de l'encrier ; et la bande de *vellum*, qui doit recevoir leurs révélations, repose, tantôt sur un petit *scriptionale* ou pupitre, et tantôt sur une simple tablette.

— *Noé*, le constructeur de l'arche, est caractérisé par la hache de charpentier qu'il porte sur son épaule (grand portail, base droite).

— *Moïse* se reconnaît — au voile dont sa tête est couverte, — et à la protubérance qui fait saillie au-dessus des tempes : *operiebat faciem cornutam* (portail sud) (1).

— Un *monarque* serre grotesquement, de la main droite, sa barbe démesurément longue, qu'il vient de tordre dans un paroxysme de fureur. Etrange caprice de l'artiste, qui a, peut-être, voulu caractériser par ce geste la figure biblique du premier roi d'Israël, l'atrabilaire *Saül !* (Ibidem) (2).

— *David*, le sublime interprète des cœurs brisés par le remords, se devine à un simulacre de harpe qu'il maintient sur sa poitrine (grand portail). *Salomon* le suit de près ; le rang assigné à ce prince établit son individualité.

— Ailleurs, nous avons cru reconnaître le jeune *Joas*, muni du *livre de la loi*, au moment de son intronisation dans le temple (portail sud).

Outre les personnages que nous venons de signaler simultanément aux deux entrées de l'édifice, la voûte du grand portail

---

(1-2) Ces deux statues sont actuellement déposées dans la *chapelle neuve*, avec plusieurs autres morceaux de sculpture du portail sud, dont la restauration, commencée il y a longtemps, reste en souffrance. Le délabrement de l'édifice réclame, sur maint autre point, un prompt secours. Nous signalerons, notamment, une toiture fort négligée, des lacunes à jour, ou bouchées avec des planches à plusieurs fenêtres, et, par suite, l'enceinte habitée, à l'instar d'une mâsure, par une nuée d'oiseaux. Que l'on se hâte!... car, nous le répétons, la *grande voûte, affaissée et béante* entre les deux arcs-boutants, *menace ruine !*

met en scène la morale chrétienne dans une suite de pastorales et d'apologues, poétiques et vrais comme le texte sacré qui les a inspirés.

— A la base de la voussure extérieure figurent, d'un côté, les cinq vierges sages, *quinque virgines prudentes*, et, de l'autre, les cinq vierges folles, *virgines fatuæ*. Modestement vêtues, le cou recouvert d'une guimpe et voilées, les premières soulèvent une lampe bien pourvue d'huile. Les secondes, à la robe décolletée, tête nue et couronnée de fleurs, renversent honteusement leur lampe vide. Les folâtres et séduisantes *filles de Cythère*, mises en regard des chastes *épouses de l'Agneau !* c'est ainsi que le génie du sculpteur a interprété cette parabole.

— Plus haut, le *fils prodigue*, sous la figure d'un pâtre, surveille quelques pourceaux au pied d'un chêne. Il dévore du regard l'âpre fruit dont se repaissent les animaux immondes commis à sa garde. « *Et cupiebat implere ventrem suum de* » *siliquis, quas porci manducabant ; et nemo illi dabat.* »

— Un *laboureur* vigoureux et bien découplé, le semoir au cou, allonge son bras droit pour jeter, parmi les épines, le long du chemin, sur le roc aride, ou dans une terre fertile, le grain matériel, symbole de la semence évangélique.

— Vis-à-vis de lui figure, dans le champ mystique de l'Eglise, un *travailleur* mutilé, aux pieds duquel nous croyons avoir reconnu le simulacre d'une herse de forme circulaire.

— Le *moissonneur*, armé de la faucille, soulève la gerbe qu'il vient de trancher, et pourvoit à l'approvisionnement des greniers du *Père de famille*.

— D'autres saisons, avec leur tâche allégorique, nous sont fournies, à gauche, par le jardinier qui taille un arbuste, et, du côté opposé, par la *femme* qui cueille des grappes de raisin, qu'elle va mettre dans un panier déposé au pied du cep.

— A cet ordre d'idées se rattache indubitablement le *paysan* qui, pour se délasser du poids de la chaleur du jour, a déchaussé ses brodequins, figurés à côté de lui, et qui appuie la main gauche sur une arme très-courte, en forme de fer de flèche, avec laquelle il a aiguillonné ses bœufs, ou nettoyé le soc de la charrue.

— Ce *cycle symbolique de travaux* se complète par *deux acteurs*, de même condition, mais tronqués ; l'un d'eux, dont il ne reste que les jambes, est posté à califourchon sur un porc, ou sur un sanglier.

— Deux *femmes assises*, la première avec un *calice* entre les mains, contre les bords duquel se dresse un petit quadrupède mutilé, et l'autre tenant une *clef* et un *livre*, nous suggèrent l'idée de l'*Eglise* disposant des mérites de son divin fondateur.

Pour compléter cette revue, nous mentionnerons encore saint *Etienne* (?), couronné de roses et tenant une palme de chaque main (côté gauche du grand portail) ; — l'image répétée de la *Mère de Dieu* portant son divin fils, — et celle du *Christ*, tantôt en *bon pasteur*, avec l'agneau dans les bras, ou sur les genoux, tantôt bénissant le calice de la *nouvelle alliance* (portail sud).

Le costume civil est de deux sortes : celui des figures historiques reproduit le noble idéal de convention fourni par la statuaire grecque. L'habit des travailleurs allégoriques a été, vraisemblablement, calqué, d'après nature, sur celui, si simple et si commode, que portaient les villageois de la contrée à l'époque de la construction de notre église : c'est la *huque* à *cuculle*, ou chaperon, type écourté du froc monacal. Un petit chapeau de forme élégante, des brodequins et un haut-de-chausse complètent ce rustique accoutrement du XIVe siècle. Le *vêtement sacerdotal* est bien celui de l'époque à laquelle se rapportent tous ces morceaux de sculpture, qui, pris dans le massif de la maçonnerie, sont, dès lors, contemporains des portails.

Types produits avec un cachet saisissant, tantôt momifiés par les macérations, ou par le soleil de la Palestine, tantôt modelés avec toute la fraîcheur et le moelleux d'une jeunesse florissante des latitudes septentrionales, — proportions heureuses et correctes, qui accusent une main de maître, — poses expressives et animées, — physionomies austères ou gracieuses, pleines de vie, de noblesse et de sentiment, — draperies sans souplesse, dont l'agencement, bien que lourd, ne manque pas d'art, cependant; voilà les traits saillants que nous avons pu noter dans ce musée précieux et bien fourni, qui réclame une monographie à part (1).

---

(1) *Les deux statues supérieures du grand portail.*

M. le président *Jeantin* interprète le symbolisme de ces deux figures de la manière suivante :

1° La *jeune femme* placée à la droite du monument, vierge dont le *front* est ceint d'un *diadème monté de fleurons* et dont la *main droite* s'appuie sur le *bâton abbatial*, est, dit-il, la bienheureuse *Marguerite* de Hongrie, fille du roi *Bela IV* (+ 1275) et de *Marie* de Constantinople : cette sainte était arrière-petite-fille de *Marguerite de France* (+ 1197), fille du roi *Louis VII*. Née en 1270, *sainte Marguerite* décéda, à l'âge de vingt ans, abbesse du monastère de *Sainte-Marie* près de *Bude*, c'est-à-dire, en 1290.

Elle était donc patronne de la dernière comtesse de Chiny, *Marguerite de Lorraine*, fille du duc *Thibault II*, veuve, en 1336 ou 1339, du comte de Chiny *Louis VI*, et qui décéda sans postérité en 1372 : elle était aussi patronne de *Marguerite de Bourgogne*, tante de l'empereur *Charle V*, maître des pays de Luxembourg et de Chiny, de 1506 à 1555.

Pour établir la corrélation entre cette statue extérieure et une autre placée dans la grande nef, sur le dernier des *quinze piliers* qui supportent le *Christ*, sa divine *Mère*, et ses *douze Apôtres*, et pour en tirer des conséquences historiques; confirmées par le blason de l'écu de ce pilier et par les armoiries de la *Recevresse*, il faut remarquer : 1° que les rois de Hongrie, depuis *Bela III* jusqu'à *Etienne IV* son arrière-petit-fils, portaient : *burelé d'argent et de gueules, de huit pièces;* 2° que *Marguerite de France*, bisaïeule de *Sainte Marguerite*, portait : *d'azur, semé de fleurs de lys, d'or, sans nombre;* 3° que les armes de Hongrie se sont adjointes, en 1313, à celle d'*Anjou*, de *Sicile* et de *Jérusalem* et à *celles de France chargées d'un lambel*, en la personne de *Charles de France-Valois* (+ 1325) époux de *Marguerite de Sicile;* 4° et qu'enfin, après *Réné d'Anjou*, les ducs de *Lorraine*

Moins vaste que celui du couchant, mais plus ornementé, le *portail latéral* offre cette particularité que les statues de l'ogive

---

portaient : de *Hongrie*, de *Naples*, de *Sicile*, de *Jérusâlem*, d'*Arragon*, d'*Anjou*, de *Gueldres*, de *Bar* et de *Lorraine*, tout à la fois.

Comme dans toutes les vieilles cathédrales, cette première statue et la suivante sont placées au niveau de la *grande rose*, c'est-à-dire, sur la ligne des personnages considérés, soit comme *patrons*, soit comme *fondateurs*, soit comme *bienfaiteurs* du monument. Les trois dernières comtesses de Chiny se nommant *Marguerite*, on s'explique le choix de cette sainte et la fondation d'une chapelle sous son nom.

Cependant le symbolisme de cette figure et les armoiries du *quinzième pilier* de la nef pourraient s'appliquer également à la bienheureuse *Jeanne* de *France-Valois*, fille du roi *Louis XI*, mariée, en 1473, à *Louis d'Orléans*, lequel, plus tard, régna sous le nom de *Louis XII*; princesse qui, après l'annulation de son mariage, se retira à Bourges, où elle établit l'*ordre des Annonciades :* après sa mort, arrivée en 1504, cette institution se propagea rapidement en Flandre, en Lorraine, en Barrois, et dans les pays de Luxembourg et de Chiny. Comme princesse de France, de la race de *Valois-Anjou* et *Naples*, *sainte Jeanne* portait : *d'azur, semé de fleurs de lys, d'or, sans nombre, au lambel de gueules*, à cause de *Charles* de France, *duc d'Anjou*, puîné de *saint Louis :* ce blason expliquerait, alors, l'armoriation de l'écu du pilier.

Deux des comtesses douairières de Chiny, *Jehanne*, épouse d'*Arnoux III*, et *Jeanne de Blâmont*, épouse de *Louis V*, portant le même nom que la mère de *Charles-Quint*, on s'expliquerait encore le choix de cette sainte dans la symbolique des dernières constructions.

2° La *femme plus âgée*, placée à la droite du spectateur, vêtue en matrone, avec guimpe, voile et robe de veuve, et de la main de laquelle s'échappe une *liasse de feuillets*, ne peut être qu'une des dernières douairières du comté de Chiny. Les conjectures peuvent se porter sur trois et même quatre personnes : 1° *Marguerite de Chiny*, enfant unique du comte *Louis V* et de *Jeanne de Blamont*, qui épousa son cousin paternel *Arnoux d'Agimont*, et qui décéda sans postérité ; 2° *Marguerite de Vianden*, fille de *Philippe I*^er^ *de Vianden* et de *Marie de Perweys et Grimberghe*, laquelle épousa *Arnoux IV*, comte de *Loos et*

la plus rapprochée du tympan sont groupées deux à deux; de plus, un double arc historié est appliqué à la surface extérieure qui termine les archivoltes. Ce portail secondaire nous paraît un ajoutement du XVe siècle. La forme infléchie de son gable et des ogives, en application, qui décorent le pinacle placé à sa droite, les dessins flamboyants de sa balustrade, la tenture simulée en bas-relief aux parois inférieures du porche, enfin la superfluité de détails qui caractérise son ensemble, attestent une différence de style et l'époque précise de cette entrée latérale.

Le tympan, au-dessus des portes à double baie qu'encadrent

Chiny, fut la mère du comte de Chiny *Louis VI*, et qui décéda le 8 mars 1315. Cette princesse, ainsi que sa belle-sœur *Alix* d'Audenarde, veuve de *Godefroid II* de Vianden (+ 1312) portait, en viduité : *de gueules et d'or, de six pièces*, comme issue de la maison d'*Audenarde;* circonstance qui pourrait servir à lui appliquer l'*écu de la Recevresse*. C'est cette *Marguerite* qui figure dans la *charte d'affranchissement* des bourgeois de *Chiny*, en 1307; 3° *Marguerite de Lorraine*, fille du duc *Thibaut II* et d'*Isabelle de Rumigny;* elle fut la femme du comte *Louis VI*, en l'an 1316. Son mari mourut, sans postérité, en 1337, et elle lui survécut jusqu'en 1372. On a confondu cette princesse avec une quatrième *Marguerite de Chiny*, sœur de Louis VI, et qui fut fiancée à *Jean Ier, duc de Lorraine* (qui n'avait encore que huit ans), décédé à Paris en 1390. Cette *Marguerite de Loos*, fille d'*Arnoux IV*, avait, en 1327, épousé *Guillaume* de *Duras de Novo castro*.

Marguerite de Lorraine institua à *Ivoy l'ordre des Croisiers*, en 1338; elle fit de nombreuses donations pieuses ou charitables, notamment dans les années calamiteuses de 1347 et 1348; elle resta *douairière* d'*Ivoy*, de *La Ferté* et de *Virton*, longtemps après la cession que *Thiéry d'Heinsberg* et *Cunégonde de Lamark*, héritiers de son mari Louis VI, firent de leurs droits, en 1340, à *Jean*, roi de Bohême, duc de Luxembourg.

4° Enfin, on peut encore admettre, au nombre des derniers bienfaiteurs d'Avioth, *Béatrix de Bourbon*, veuve du roi *Jean de Bohême*, qui fut douairière des prévôtés d'*Arlon*, *Bouloigne*, *Saint-Mard*, *Marville* et *Dampvillers*, jusqu'à sa mort en 1389.

les porches, est aussi chargé de sculptures. Celui du couchant, qui renferme, en outre, une rose vaste et remarquable, nous représente la *passion*, en quatre tableaux, sur un seul rang :

1° La *Flagellation;* 2° La *Voie douloureuse;* 3° Le *Christ en croix* (chacun avec trois figures) ; 4° L'*Apparition de l'ange aux saintes femmes*, dans le sépulcre ; 5° *Celle du Sauveur à Marie-Madelaine*, dans le jardin des oliviers.

Les pierres auxquelles adhèrent ces cinq groupes n'ont été enchâssées dans la maçonnerie qu'après l'abaissement de la porte jumelle du couchant, au XVIe, sinon au XVIIe siècle ; mais le style des figures nous paraît antérieur à ces deux époques.

Au portail sud figurent les scènes suivantes, disposées sur quatre rangs :

1° L'*Annonciation* et la *Nativité;* ce second sujet représente la *Vierge* couchée, et *Joseph* assis au pied du lit. La *crèche* occupe le dernier plan, appuyée sur une arcature ogivale ; son relief est presque nul, et au-dessus d'elle sortent du tympan la tête du *bœuf* et de l'*âne;* 2° L'*Offrande des Mages;* 3° et 4° Le *Massacre des Innocents*, précédé de la *Fuite en Egypte.*

Ici le récit des *évangélistes* se présente accompagné d'une légende populaire ; l'interprétation, qui nous en a été donnée sur les lieux, répond exactement aux détails du sujet.

La *Mère de Dieu*, chevauchant sur l'âne, presse contre son sein le précieux fardeau commis à sa garde ; *Joseph* la suit. Le persécuteur est sur leurs traces et les serre de près ; mais la Providence veille. Un *semeur*, interpellé par *Hérode*, a vu les fugitifs, et sa réponse confirme les soupçons du tyran, qui s'enquiert de l'époque à laquelle la *sainte famille* a passé par là.

« *J'ensemençais le champ que voici!* » lui fut-il répondu. O prodige ! le *grain* était arrivé, sans délai, à son parfait *développement;* et nous voyons, en effet, ses épis nombreux et luxuriants tapisser le fond du paysage que désigne le semeur, ébahi à la vue du phénomène stupéfiant, dont il ne s'était pas douté jusqu'alors. Le sanguinaire *Ascalonite*, qui comptait sur la vitesse de son cheval, rebrousse chemin, tout désappointé; et, près de là, sur la même ligne, il contemple avec délices l'agonie d'un *innocent*, qu'un barbare satellite vient d'égorger au pied de son trône souillé par des flots de sang.

Le rang supérieur nous montre la *Vierge*, assise entre le *Père* et le *Fils*, qui lui posent sur la tête *la couronne de gloire et d'immortalité.*

Les baies jumelles des deux portails sont ogivales et sans moulures. Une ligne de fleurons, jadis peints en vert, sur fond rouge, et à pétales épanouis, circule le long de l'arête extérieure de la double porte du couchant. Celle-ci accuse un remaniement que l'on ne s'est pas donné la peine de dissimuler. Sa partie supérieure, d'abord dessinée en rectangle, jusqu'à la naissance du tympan, suivant le type généralement usité avant le XVe siècle, pour les entrées de cette espèce, est devenue ogivale par la suite : son tracé primitif, encore garni de fleurons actuellement engagés dans la maçonnerie, l'atteste. Ce changement s'expliquerait comme conséquence de la construction d'une tribune d'orgues, trop surbaissée pour laisser aux deux battants leur ancienne hauteur (1).

Les tores qui dessinent les voussures des deux portails, exclusivement cylindriques en tête de l'édifice, mais alternant à la façade latérale avec la forme convexe, retombent sur une série continue de dais, au-dessous desquels figurent des *niches* espacées, dans le portail sud, par une colonnette cylindrique, et sim-

(1) On peut noter quelques traits saillants de ressemblance entre la façade de l'église d'Avioth et celle de la magnifique cathédrale de Reims, qui date également du XIVe siècle. De part et d'autre la grande rose est inscrite dans un arc ogival, et un *oculus* de dimensions plus restreintes occupe le tympan du grand portail; mais le remaniement, signalé plus haut a rompu l'uniformité qui existait primitivement, entre la double porte centrale des deux édifices.

plement creusées à arête, dans l'autre, sans aucun ornement séparatif.

En tête de l'édifice, la base de ces niches se compose d'un soubassement unique, garni d'un riche cordon de feuilles et d'animaux entablés ; plus bas règne une rangée de colonnettes engagées, à chapiteaux ornés de feuilles de lierre et de palmettes très-saillantes, qui se relient par un élégant cordon de même genre. Ces colonnettes soutiennent un simulacre d'arcature, à cintres trilobés, bordés, dans tout leur pourtour intérieur, d'une guirlande végétale, dont le travail exquis nous offre un admirable spécimen d'ornementation du XIVe siècle. Ce genre d'arcades rappellerait le style roman, si le type des chapiteaux et l'ensemble des décors ne venaient, très à propos, donner le démenti à cette réminiscence exceptionnelle nécessitée par le défaut de hauteur; elles sont remplacées, dans le portail latéral, par des anges en bas-relief, soutenant une tenture, qui se prolonge autour du pédicule central et de la double baie.

Au-dessus de ces arcades et de cette tenture s'alignaient jadis, dans l'embrasure des porches, *vingt statues en pied*, de grandeur *naturelle :* une autre figure occupait le pédicule des baies géminées, sous un dais ajouré avec une délicatesse extrême. Sur ce nombre, il n'en reste plus que *trois*, décapitées et devenues méconnaissables (1). A deux siècles d'intervalle, les *huguenots* de 1594 et les *niveleurs* de 1793, animés d'un même esprit de sauvage vandalisme, ont porté une main sacrilége sur ces reliques artistiques, si religieusement conservées de nos jours. On doit leur savoir gré, cependant, de n'avoir pas été plus loin dans cette œuvre de destruction.

(1) On trouvera, dans les *Chroniques de l'abbaye d'Orval* de M. Jeantin, l'indication de plusieurs morceaux de sculpture actuellement manquants.

III.

TOURS ET FACE ANTÉRIEURE DE L'ÉDIFICE.

La *façade*, qui se termine supérieurement en pignon aigu, est cantonnée de *deux tours jumelles*, carrées, d'une structure très-simple, buttées, à chacun de leurs angles, par un double contrefort en retraite, et surmontées d'un toit pyramidal, de date récente.

Dans l'étage intermédiaire figure une *rose* artistement combinée, de six mètres de diamètre ; nouvel ornement appliqué à la face qu'elle complète par son admirable dessin.

Cette *verrière*, légère variante de l'ouverture du transept droit, et comme elle comprise dans un encadrement ogival, se compose d'un *oculus* central, environné d'une couronne de fleurons à trois lobes. Autour de cet axe, qui renferme trois trèfles réunis en forme de croix, rayonne un ensemble de compartiments géminés et trilobés, circonscrits, deux à deux, par un arc ogival majeur, et appliqués, dans la même proportion, à chacun des fleurons disposés autour du point central. Un rond, divisé en quatre feuilles, est situé dans les interstices de cette arcature, et se reproduit dans le vide supérieur des subdivisions géminées. Trois autres quadrilobes flanquent le contour circulaire de la rosace.

Dans le gable qui la couronne figure un *médaillon rempli de têtes sculptées en haut relief* qui, par leurs *bouches béantes*, feraient croire à un concert de louanges en l'honneur de la divinité, dont elles surmontent l'effigie.

Au dire des anciens, ce groupe bizarre, que l'on appelle vulgairement *les sept têtes*, bien qu'elles soient au nombre de *huit*, représente un *jugement*. L'*accusée*, couverte du voile, figure au centre du médaillon. L'horreur et l'effroi se manifestent sur tous les visages : chez les membres du tribunal cette expression s'explique par la gravité de la cause, car il s'agirait d'un cas de blasphème, ou de sacrilége, dont l'église d'Avioth a été le théâtre ; chez la femme, au contraire, ce ne serait que l'effet du remords, ou la pensée du châtiment que la justice humaine lui tient en réserve.

L'avant-dernier étage des tours, dont le côté oriental s'appuie contre le grand comble, appartient encore au premier jet de l'édifice, par l'arc en *tiers-point*, et par les moulures cylindriques de ses baies ; l'étage supérieur, au contraire, caractérisé par l'ogive obtuse et les meneaux prismatiques des vastes fenêtres, à trois compartiments, de chaque face, indique, moins une retouche, qu'une poursuite des travaux, qui doit se classer dans le XVe siècle, simultanément avec la sacristie, la *Receveresse*, le portail latéral et divers autres accessoires.

La tour septentrionale est flanquée, sur le côté, d'une bâtisse, en forme de contrefort, qui renferme un escalier en hélice, de cent marches, à cage circulaire ; cette montée en pierre se relie, par une galerie intérieure, à l'escalier correspondant du côté opposé, qui ne prend naissance qu'au second étage.

Le couronnement moderne des tours se compose d'un toit pyramidal couvert en ardoises. La plus récente de ses flèches, légère et gracieuse, avec sa ceinture de lucarnes finement déchiquetées, et son aiguille hérissée de fleurons en plomb, compte, environ, dix années d'âge ; sa compagne, nue, pesante et mal assise, remonte à une époque un peu plus reculée.

IV.

CLOCHES.

Deux des cinq cloches que possédait l'église d'Avioth, avant l'exécution de la loi du 6 août 1791, qui les lui a enlevées toutes, ont été réparties entre les églises de *Thonne-le-Thil* et de *Breux*.

Indépendamment de l'inscription reproduite ci-après, un *petit*

Christ en croix constitue toute l'ornementation de ces cloches. On lit sur celle de *Thonne-le-Thil : — Spes et advocata nostra es, virgo Maria. Je m'appelle Marie. J'ay pour parrain Monsieur Joseph Mailliet, ancien maître-echevin de Montmédy, et pour marraine Mademoiselle* (sic) *Marie Beaudot son épouse* (1);

Et sur celle de *Breux : O Doctor optime, Ecclesiæ lumen, Beate Bazili, deprecare pro nobis filium Mariæ. — Je m'appelle Bazile. J'ay pour parrain Mre Claude Cardone, prêtre, curé-administrateur de Notre-Dame, et pour marraine Dame Bazile de Tores de Tagle, sa belle sœur, épouse de Mon: Nicolas de Cardona, ministre d'Espagne, en la ville d'Oropesa, au Pérou* (2).

Le millésime et la mention du domicile des fondeurs sont les mêmes : *Les Monaux frères de Givet m'ont fait, l'an 1771* (3).

Cette spoliation a été compensée, bien tardivement, par une seule cloche, du calibre le plus mesquin, et qui date de 1811.

---

(1) Cette cloche a été refondue récemment.

(2) Ce nom jouit d'une certaine célébrité dans l'histoire, qui fait mention d'un *Raymond Ier de Cardone*, général aragonais, mis, en 1322, par le pape Jean XXII, à la tête des armées guelfes, et d'un *Raymond II de Cardone*, nommé vice-roi de Naples par *Ferdinand-le-Catholique*, en 1509, et vaincu à la fameuse bataille de *Ravenne* (1512), où il commandait les armées du pape et des Vénitiens, par *Gaston de Foix*, qui conduisait celles de l'empereur *Maximilien* et des Français.

La maison de *Cardona* portait : *de gueules, à trois chardons soutenus et feuillés d'or*. Ce sont, comme l'on voit, des armes *parlantes*.

(2) En parlant élogieusement de la sonnerie de l'église, le manuscrit de 1668 ne fournit pas de renseignements plus précis, et se borne à citer l'inscription de la plus grosse cloche : *Ego sum qui dissipo tonitrua*. Il serait à désirer de voir ces deux bronzes, à la voix grave et mélodieuse se dirigeant, du nord et du couchant, vers *Avioth*, comme la plainte unanime de deux exilés, réintégrés dans la paroisse qui les a vu

V.

BAS-CÔTÉ GAUCHE.

Le mur du bas-côté septentrional a pour tout ornement, à l'endroit qui correspond au magnifique portail sud, une porte ogivale murée, à tympan nu, encadrée d'une série de moulures en retraite, alternativement rondes et convexes, qui retombent sur un pareil nombre de colonnettes, façonnées selon le même profil, et, à sa droite, la partie supérieure d'une fenêtre également condamnée. Le pilier de l'arc-boutant, en forme de portion de cercle, qui domine ce collatéral pour renforcer le mur de la nef centrale, est surmonté d'un pinacle présentant, sur ses quatre faces, une arcature infléchie, forme bien connue, dont l'attribution ne prête pas à équivoque.

VI.

HAUT DE LA NEF.

La partie supérieure de la nef a, de part et d'autre, deux vastes fenêtres, de largeur inégale, dont le sommet s'élève jusqu'à l'intrados de la voûte.

Le *style rayonnant*, resté intact dans toute la base du vaisseau, a subi plus haut une métamorphose partielle au profit du second âge de l'ère flamboyante. Les causes de ce remaniement ne sont pas difficiles à saisir ; nous les exposerons au premier chapitre de la seconde partie. Les superbes fenêtres de la nef, qui accusent un intervalle de près de deux siècles, attestent cette

---

sortir du moule, il y a moins d'un siècle, devant le parvis même de l'église, portant l'une et l'autre, gravé autour de la couronne en lettres ineffaçables, l'acte d'origine avec les signatures des intervenants dans la cérémonie du baptême.

conjonction anormale, qui se développe artistement et à l'aise, dans des cadres spacieux, avec des traits individuels bien précis.

En face d'une *verrière* — première fenêtre du côté gauche — à tores et colonnettes cylindriques, avec bases et chapiteaux, produit du style rayonnant le plus splendide, qui jette un coup-d'œil rétrospectif, vers le passé, par son arc *lancéolé,* le seul de son espèce, et dont les meneaux se prolongent, au-dessus des lancettes, en ondulations verticales et opposées, inscrivant, dans chacun de leurs nombreux compartiments, un quatre-feuilles ; en face de cette verrière, disons-nous, se trouve une ouverture qui ferait croire, dans l'œil-de-bœuf sans subdivisions de son arc ogival et dans ses meneaux en arête unique et très-saillante, à un défaut d'inspiration, indice d'une décadence imminente.

Les fenêtres correspondantes qui suivent dispensent de tout commentaire et, par les figures contournées et irrégulières de leur sommet, ressemblant à des *flammes*, à des cœurs allongés, ou bien à des *vessies* de poisson (d'après le terme admis par les archéologues allemands), ces fenêtres précisent le style que ce genre de tracé a si bien dénommé.

VII.

TRANSEPT GAUCHE.

Le transept gauche, percé dans son fronton aigu d'un *oculus* renfermant trois trèfles, est butté, aux deux côtés de sa façade, par un contrefort qui se termine en bouquet.

A la base de ce croisillon s'ouvre un petit portail ogival, peu profond, sans figurines, et surmonté d'un galbe aigu. Des deux côtés de cette porte se dresse un pinacle élancé, en application, dont la cime se complète, de même que le galbe et le pignon supérieur, par un bouquet de feuilles.

L'étage intermédiaire renferme une vaste et magnifique *verrière,* à meneaux prismatiques, circonscrite par un encadrement ogival, de même dimension que celui qui se voit dans le transept correspondant ; elle se compose de deux arcades géminées, surmontées d'une *rose*, dont les six lobes affectent alternativement, soit à la cime, soit à la base, par leur juxtà-position, la forme mi-partie convexe et concave. Chacune des deux ogives majeures renferme, sous son arc, trois pétales de même espèce, et plus bas trois lancettes d'égale hauteur.

A cette partie de l'édifice se rattache un *fait traditionnel*, confirmé par une épitaphe et par le manuscrit de 1668.

A plusieurs reprises, le pavé du temple s'est refermé sur le vain bruit d'une existence orageuse et marquante : rien, cependant, n'a été redit de père en fils pour en perpétuer la mémoire ; mais le souvenir quatre fois séculaire des vertus chrétiennes d'une *femme* est encore vivace à Avioth. On raconte qu'une matrone du voisinage, *Alix de Estalles, dame de Breu* (1), décédée le 8 juin 1421, fréquentait assidument le sanctuaire de *Marie ;* elle y pénétrait, dit-on, du côté qui fait face au manoir seigneurial de son époux défunt, par la porte du croisillon nord, porte que l'on appelle encore *de madame de Breux*.

La châtelaine avait ainsi, par un parcours quotidien, tracé l'itinéraire de son pèlerinage final ; et, neuf ans plus tard, son fils *Henris*, rappelé de ce monde le 8 septembre 1430, mêlait ses cendres avec celles de sa mère, dans la même tombe, et célébrait avec elle, dans les splendeurs divines, le jour glorieux de la *Nativité de nre Dame*.

---

(1) *Breux*, village du canton de Montmédy, à 1700 mètres nord d'Avioth.

Alix d'Estulle, dame de Malberg et de Sainte-Marie, avait épousé *Henry II* de *Breux*, engagiste de *Brouenne* et *Ginvry*, en 1361. Elle fut la mère : 1° d'*Henry III*, sire des mêmes lieux (+ 1430) ; 2° d'*Alix* de *Breux*, femme de *Richard* des *Armoises*, sire de *Delut*. Son petit-fils *Henry IV* existait encore en 1464.

L'on se souvient encore à *Avioth* d'une distribution annuelle de pain, aumône posthume versée, à cette même porte, entre les mains des nécessiteux, par le clergé, à l'intention de la noble défunte (1).

VIII.

SACRISTIE.

La sacristie, appliquée au côté gauche du chœur, est buttée, à chacun des angles de son pourtour polygonal, par des contreforts terminés à l'instar du sommet des galbes. Les ouvertures très-étroites qui lui donnent jour sont ogivales ou rectangulaires.

Elle se compose de deux pièces superposées, mesurant chacune 4 mètres environ, sur 7, dans œuvre, et présentant, dans l'ensemble de leurs contours et des voûtes, la reproduction fidèle et complète des détails d'architecture du chevet et du chœur.

Le médaillon de la première clef de voûte de la chambre basse (2) est une copie exacte de celui que l'on voit à l'entrée du chœur, à la seule différence près, qu'au lieu du caractère *majusculaire*, le même texte, sculpté circulairement autour de l'agneau, se compose, ici, de *minuscules gothiques* ; ce qui donne lieu de présumer que la sacristie n'a été construite qu'après l'achèvement du bâtiment principal : car, en 1392, comme le

---

(1) « oultre que les dits *Seigneurs de Breu* ont charitablement donné » une rente perpétuellement à la dit église, portant *quatre muid de* » *grain*, syse au lieu de *Thoneletthil* ; à condition toutes fois que la dit » église par ses ministres feras distribuer, par chacun an, le pain de six » franchars froment, le jour du Jeudy S[t], à la sortie des matines ou ténè- » bres que sont chanté le dit jour; et ce distribue le dit pain, après qu'il » est bénist, par un recepveur de la dit église, adsisté qu'il est des sino- » dals et censiers d'icelle Eglise. Ceste pieusse ordonnance est encore » pour le jourd'huy observé, auquel jour partie de ceux de *Breu* s'y » treuvent, pour estre participants du dit pain. » (Manuscrit de 1668.)

(2) Voir l'*album*.

démontrera la suite de cette *notice*, le premier de ces deux caractères n'était pas encore usité dans nos contrées, pour les inscriptions lapidaires.

L'étage inférieur communique, de plein-pied, au côté nord de l'abside : une seconde porte intérieure, située à gauche de la première, conduit à la chambre supérieure, au moyen d'un escalier tournant, en pierre, renfermé dans une bâtisse carrée attenante à la sacristie. Une cheminée placée au fond de cette pièce renferme dit-on, une ouverture secrète, qui donnerait accès sous les combles. A l'opposite de la cheminée figure une fenêtre circulaire, actuellement murée, qui prenait jour sur l'abside.

Indépendamment de la sacristie, il y avait, jadis, dit-on, d'autres constructions adossées à cette partie de l'édifice. C'est là qu'il faut chercher, d'après une opinion respectable, le *cabinet de force*, dans lequel on renfermait les *possédés*, et au sujet duquel M. *Delhotel* s'exprime ainsi :

« Il est certain que, au renom des merveilles qui ce sont fait » et veu en ceste eglise, sont esté icy en ce lieu, amené les » *possédés*, obsédés, insensés, frénéticques, et aultres troublé » d'esprit. Au subject de ses affligés il y avoit une chambre, » encore présentement subsistante, là où l'on logeoit ses pauvres » infirmes, et en ceste chambre qu'est tout contigu de la dit » église, et bastie du depuis, il y avoit un gros *charlier*, avec » des *trous en icelluy*, où l'on *lioit*, avec *grosses cordes*, ses » pauvres *possédés*, ses pauvres *démoniacles*, lequel charlier » j'a encore veu, et plussieurs aultres, et est détruit depuis » le siége de Montmédy, en l'an 1657 ; et ses *pauvres affligés* » *recevoient soulagement, délibvrance de la possession du diable,* » *par les faveurs de la ste Vierge, mére de Dieu.*»

Un fait que nous ne pouvons laisser inaperçu, c'est l'absence de vases sacrés, de vêtements sacerdotaux, et d'ornements d'autel, antérieurs à notre époque : un seul calice, du siècle dernier, a échappé aux spoliations.

IX.

CHOEUR.

Le chevet pentagone du chœur, percé supérieurement de sept fenêtres hautes et étroites, est cantonné de six arcs-boutants, pareils à ceux de la nef, mais dépourvus de pinacle, qui correspondent aux angles de cette partie de l'édifice, et se dissimulent dans ceux de l'abside.

La contexture de ces fenêtres, moins clairement formulée que dans la nef, se traduit en lancettes, avec accompagnement obligé de trèfles, ou quatre-feuilles. Mais il est d'autres traits plus saillants pour nous renseigner sur l'époque à laquelle elles appartiennent.

Le *flamboyant* du *second âge* a été appliqué, bien qu'imparfaitement, à toutes les baies du chœur sans exception, et le ciseau a transformé en meneaux prismatiques polygones, ou même à arête unique, les tores et colonnettes cylindriques du XIVe siècle. Ici on a jugé à propos de tirer parti des anciennes membrures ; dans la nef, au contraire, le renouvellement intégral des compartiments intérieurs a permis d'exécuter, sans contrainte, les découpures contournées, les courbes serpentantes du XVIe siècle, calquées d'après le modèle de la chapelle neuve.

X.

ABSIDE.

Aucun détail ne rompt, à l'extérieur de l'abside, l'uniformité du mur, à cinq pans et d'une faible élévation, qui dessine son contour dépourvu de contreforts. Ses fenêtres correspondent à celles du chœur ; mais, à cause de l'adjonction de la sacristie, l'une des ouvertures du côté gauche fait défaut.

Attendu le peu de hauteur de la voûte, et, pour ménager de

la place au contre-retable des autels qui devaient occuper l'arc profond, en guise de chapelle, dans lequel est percée chacune des trois fenêtres du fond de l'abside, leur partie supérieure seulement a pu être exécutée. Le tracé du cadre et le profil des tores, qui rayonnent en tout sens pour circonscrire des trèfles sur plusieurs rangs, précisent leur style.

Un *oculus*, copie fidèle de l'un de ces compartiments, se voit à droite du grand portail, et atteste le point de départ de cet édifice religieux, à ses deux extrémités.

XI.

TRANSEPT DROIT.

Le transept droit diffère peu, dans son étage supérieur, de son correspondant de gauche. L'*oculus* est inscrit dans une ogive, et surmonté d'une statue, dans le tympan, et de deux autres, à droite et à gauche du bouquet placé au sommet du fronton.

Nous avons mentionné simultanément, à cause des points de rapprochement qui existent entre eux, le vitrail de l'entrée principale et la rosace de ce transept. La subdivision des ogives intérieures de cette rose, presque privée de jour par une excessive complication de membrures, s'effectue au moyen d'une arcature croisée, produisant vingt-quatre cadres très-rétrécis, qui rayonnent autour d'un centre dessiné, à peu de chose près, comme celui de sa congénère. Son diamètre mesure cinq mètres.

A ce bras de la croix latine est appliquée, en hors-d'œuvre, dans le sens de son prolongement, la *chapelle neuve*, dernier ajoutement qui clôt, par son cachet spécial, les diverses formes architectoniques, que ce monument exceptionnel offre à l'admiration des amis des arts. Nous nous réservons de la décrire en dernier lieu, pour la classer d'après son ordre chronologique.

XII.

BAS-CÔTÉ DROIT.

L'extérieur du collatéral droit s'efface, à l'exception de l'espace occupé par une fenêtre simulée, ou condamnée par la suite, derrière le portail, décrit au chapitre II, qui en fait l'unique mais imposant ornement.

Une balustrade flamboyante, surmontée d'une guirlande de fleurons, vient aboutir, au-dessus de la corniche du toit de cette entrée, d'une part à la tour de la façade, qui l'encadre à gauche, et s'arrête de l'autre à un élégant pinacle, dont le socle offre des bustes de sphinx, des figures diaboliques et grimaçantes, aux cheveux hérissés, avec accompagnement de cornes et d'oreilles allongées.

Ce clocheton élancé, sculpté avec une rare habileté, sert de pilier-buttant à un arc placé entre les deux fenêtres de la nef centrale, mais plus richement façonné que celui du côté opposé. Le bras, inférieurement tracé en courbe, est évidé dans toute sa longueur, et représente une charmante dentelle à plusieurs compartiments.

XIII.

RECEVERESSE.

En face de ce portail se voit, adossé à l'enceinte extérieure du parvis, un édicule isolé, du plus charmant effet, dit la *Receveresse*, bijou artistique hors ligne par le luxe d'ornementation qu'il déploie (1).

---

(1) La lithographie, d'après M. *Boeswilwald*, insérée dans la nouvelle

L'opinion, accréditée de nos jours, qui place dans cette chapelle la scène du retour momentané à la vie et du baptême des enfants *mort-nés*, est complétement erronée, et elle n'a jamais été partagée par le peuple. Chaque fois que le chroniqueur, M. *Delhotel*, fait mention de la *statue miraculeuse*, et il n'en cite qu'une, il la place au côté gauche du maître-autel, où elle se trouve encore ; et c'est uniquement là que l'on constatait, sur ces victimes précoces, par des actes authentiques encore existants (1637-1786), les effets d'une fervente intercession et le résultat des faveurs de la Reine des cieux (1).

L'ensemble de ce morceau d'architecture accuse une main de

édition des *Chroniques d'Orval*, suffit pour donner une idée avantageuse mais bien imparfaite de la *Receveresse* d'Avioth.

(1) Le naïf et enthousiaste curé d'Avioth, M. *Delhotel*, s'exprime ainsi : « *Je diras en passant, icy, en la louange de la glorieuse Vierge* » *et ses affections charitables, que l'on avoit vers la dit Eglise, que,* » *au jour de la feste de la décolation de St Jean, chacun an, tout les* » *villages voisins auoient coustume, par un zèle de charité, d'amener* » *une charrée de bled en aumosne, au profit N. Dame d'Avioth,* » *colligé par les maisons. En sorte que çest recollet, chacun an, por-* » *toit trente muid de grains... Auec ce ce fassoient ausmosnage des* » *animaux, des denniers, des linges, cire, torche, fallot et cierges,* » *que le monde offroit en oblation deuant l'image N. Dame, hors* » *l'église, que nous disons la recepueresse, où il y at une structure* » *en façon de piramide, la plus belle et la plus rare et magnifique-* » *ment bastie que ce puisse rencontrer dans toute la prouince, là où* » *il y at une image de N. Dame représenté à la veu de tout passant,* » *appelant ainsi un chacun à la déuotion.* »

« *Et présentement ses pieusses coustumes de libéralité sont de tout* » *assoupie et estaind, tant pour le refroidissement de la charité,* » *que par la malignité des temps, quy at empesché la continuation* » *de telles bonnes œuvres.* »

Cette citation restitue au mot *receveresse* sa véritable acception, et explique l'emploi de la niche ménagée au pied de la statue.

maître et le second âge de l'époque tertiaire, dans toute son expansion de luxe et de richesse, mais sans aucune trace de transition au style de la renaissance. Le ciseau semble s'être promené avec amour sur cet édicule, pour le rendre le plus aérien et le plus fini possible : rampants des fenêtres, nervures, galeries courantes, gargouilles, pinacles, il a tout fouillé, ciselé, embelli !

Six piliers cylindriques, trapus et sans entre-colonnement, à plinthe, base et tailloir octogones, forment le pied de l'enceinte, dont l'intérieur devient ainsi accessible de tous côtés, à l'exception de la face adossée contre le mur du cimetière. Le type de ces supports a été adopté de préférence aux nervures en faisceau, comme offrant moins de prise au contact des pieds et de meilleure garantie pour la solidité d'une bâtisse exposée à des dégradations de plus d'un genre. Ces pédicules fixent le tracé du premier étage, dont les angles se dissimulent sous un double groupe de niches pyramidales superposées, actuellement dépourvues de figurines.

Six vastes fenêtres, à ogive infléchie, qui se subdivisent en deux lancettes trilobées, surmontées d'un quatre-feuilles, occupent le champ des compartiments. A la base de ces ouvertures règne une balustrade, à deux divisions horizontales, la première en *oculi* flamboyants, et la supérieure en forme d'arcature trilobée.

Le second étage, mince et fragile treillis de quadrilobes cerclés, avec pinacles aux angles et guirlande pour couronnement, reçoit la flèche toute ajourée en ogives. Les feuilles de mauve, ou de chou frisé, rampent avec profusion autour du gable des baies, jusqu'au faîte de leur frêle aiguille, festonnent le dais des pinacles, et grimpent, en sextuple rang, le long des arêtes de la flèche pour former son amortissement suprême.

Les armatures en fer encore subsistantes, et composées de barres perpendiculaires les unes aux autres, indiquent que la *Receveresse* était jadis décorée de vitraux peints, dont il ne reste plus la moindre parcelle.

Ce gracieux hors-d'œuvre a été restauré, il y a quelques années, avec un rare talent, et de manière à lui conserver scrupuleusement le cachet de l'époque à laquelle il appartient. Mais l'on ne peut se défendre d'un sentiment de regret à l'aspect des dégats qu'il subit journellement de la part des enfants du village, habitués à s'attrouper en ce lieu. Déjà les fines arètes, les fleurons exquis portent la trace de maintes écornures faites à coups de pierre. Les sabots, les lourdes chaussures du campagnard, entament sans relâche la base anguleuse des pinacles restaurés à grands frais.

Le crédule villageois, émerveillé à l'aspect de cette rotonde diaphane, raconte qu'à l'époque de la construction du temple, l'un des sculpteurs se fit fort de surpasser en habileté ses compagnons, et, sommé de tenir sa parole, produisit, sans aucune assistance étrangère, le petit monument que l'on nomme la *Recevresse.* « Rien, écrit un touriste judicieux, rien n'est plus populaire que ces vieilles histoires, qui font les délices des veillées. On vous en redira de si stupidement triviales que vous n'y retrouverez pas même la trace d'un événement vrai ou probable. »

Sur la paroi qui frappe la vue, à l'entrée de la Recevresse, figure, en relief, une *armoirie,* dont l'interprétation nous paraît d'autant plus importante à fixer que les inscriptions lapidaires font défaut.

L'*Ecu* est posé en *lozange,* forme affectée aux femmes; il est chargé de trois *barres,* dirigées de droite à gauche, dont les *émaux* ne sont pas indiqués. Cet écu est surmonté d'un *timbre* ouvert, dépourvu de couronne; il a pour *supports,* à droite un *lion,* à gauche un *griffon.* Ces animaux s'appuient sur un petit tertre, qui remplace le cordon à devise, usité habituellement en pareil cas.

Autour de l'armoirie complète se drape le *manteau de fourrure,* recouvrant le cimier du *timbre,* et qui est (ainsi que celui-ci, puisqu'il est ouvert), l'emblème d'une quasi *souveraineté féminine*. Nous laisserons à une autorité compétente le soin d'établir les conclusions qui découlent de ces données (1).

La vierge *recepveresse* qui surmonte la niche, dans laquelle on déposait jadis certains dons et *ex-voto*, notamment les *effigies en cire* d'enfants mort-nés, cette statue est moderne (1802), et d'une très-mauvaise exécution. A sa place figurait une autre statue de la Vierge, aux formes colossales, également sculptée en bois, peinte au naturel, et couronnée du diadème ducal (2).

Au-dessus d'elle est suspendu un anneau en fer, à charnière,

---

(1) M. *Jeantin* hésite dans l'application de cette allégorie — soit à *Marguerite de Lorraine*, dernière Comtesse-douairière de *Los et de Chiny*, décédée en 1372 — soit à *Béatrix de Bourbon*, veuve du Roi *Jean* de Bohême, douairière d'*Arlon*, *Bouloigne*, *Saint-Mard*, *Marville* et *Dampvillers*, décédée après 1388. Il y voit, néanmoins, la figuration de la *situation politique* de la princesse, dont la statue est à la partie culminante de la façade principale du monument.

L'*écu de Los*, aux *huit burelles*, est brisé en tête et en pointe, car ce Comté vient d'être arraché à *Thiéry d'Heinsberg*, héritier, *par sa mère*, du mari de Marguerite, *Louis VI*, dont la postérité mâle est éteinte; circonstance que l'*Eglise de Liége* a invoquée, pour obtenir par les armes la *réversion* de ce Comté. D'un autre côté, *Béatrix de Bourbon* devint douairière des cinq Châtellenies, mentionnées plus haut, par son contrat de mariage de 1334. En 1340, *Ivoy*, *Virton*, et *La Ferté*, sont cédés au Roi *Jehan de Bohême*, par *Thiery* prétendant de Los et Comte de Chiny, et, en 1342, le Roi de Bohême et le Comte de Bar s'associent pour la *moitié des fiefs et hommages* de *Chiny*, *Montmédy* et *Etalle*. Or *Avioth*, pris sur les territoires de Breux, Thonne-la-Lou et Verneuil-Petit, dépendait anciennement du ban d'*Etalle*, dont la Maison portait : *fascé de vair et de gueules, de quatre pièces, à la pointe d'argent*. Ainsi se trouvaient brisées la *tête et la queue* de l'ancien écu de nos suzerains, quand la *Recevresse* reçut son écusson.

(2) M. *Lepointe*, instituteur à Avioth, qui a fourni à l'auteur plusieurs renseignements précieux, conserve, avec respect, la tête de cette statue, détachée du tronc, à l'aide d'une scie, en 93.

avec un bout de chaîne. Cet *ex-voto* significatif a été placé là, dit-on, par un noble castillan, délivré, miraculeusement, avec plusieurs de ses compagnons (à la suite d'un vœu fait à Notre-Dame d'Avioth), d'un dur esclavage qu'ils subissaient, dans le XVe siècle, chez les Maures d'Afrique (1).

La porte extérieure (voisine de la Receveresse), qui mène dans l'enceinte du parvis, mérite aussi une mention spéciale. Son gable opulent et infléchi est surmonté d'une arcature à jour, dont les montants ont la finesse du treillis le plus délicat. Les pinacles qui flanquent ses deux côtés sont une représentation fidèle de l'encadrement des baies de la Receveresse.

XIV.

CHAPELLE NEUVE.

La chapelle *neuve*, dite aussi de *saint Jean l'Evangéliste*, offre à l'étude un sujet non moins précieux, et d'un tout autre genre, que ce qui a été détaillé précédemment.

Le vrai style flamboyant de ses deux baies, et notamment de

---

(1) « *Plusieurs prisonniers captif sous le joux des Turcques, pau-* » *vre esclaves sur terre, sur mer, par l'invocation et intercession de* » *la glorieuse Vierge Marie, N. Dame d'Avioth, sont esté délibvré* » *et mis en liberté. Et en témoignage de quoy ont venu faire leurs* » *actions de grâce ici en ceste église, aportant les chaînes, liens de* » *fer desquels ils estoient lié, qu'ils ont laissé icy pour marcque,* » *qui par longues années se sont démonstré devant l'image N. Dame,* » *à l'entrée de la dit Eglise, que nous disons la recepvresse, des-* » *quels chaînes et fer n'en restent que bien peu, estant esté pris et* » *emporté par les Granates en l'an 1636, employé qu'ils les ont fait* » *en leurs usage profane, des fers des chevaux et aultrement à leurs* » *plaisirs.* » (Manuscrit de M. *Delhotel*, 1668.)

celle du fond, couronnée d'un gable qui se termine en pédicule supportant une statue, les médaillons, à bustes en relief, qui encadrent cette ouverture, les deux contreforts, ornés de niches et de dais richement fouillés, qui enclavent les angles de la façade principale, les ceps de vigne, les guirlandes de feuillage qui grimpent le long des parties saillantes des entablements, toute cette ornementation, fleurie sans être chargée, se récrie et proteste, à bon droit, contre le piètre balcon à balustres (d'après le goût de la renaissance), placé au-dessus de la corniche du toit.

Aux lourdes draperies de la statuaire gothique on a substitué, ici, les nudités grecques; — les monstres de la mythologie aux créations bizarres du sabbat; — les personnifications emblématiques aux scènes variées de la légende sacrée.

Le Christ, tenant un globe, et levant la main droite en signe de bénédiction, occupe le centre du gable de la grande baie. A droite et à gauche du Sauveur, figurent, en bas-relief, dans des médaillons, les deux apôtres Pierre et Paul munis de leurs attributs : le *glaive* et les *clefs*.

Deux autres sujets méritent aussi de fixer l'attention....... au sommet du cône pyramidal, qui surmonte le pinacle gauche de la façade principale de cet ajoutement, un personnage barbu s'appuie sur l'écusson impérial de *Charles-Quint ;* et, à la retombée droite du gable, le long duquel rampent des tritons et autres sujets fantastiques, une figurine tronquée montre un *écu* occupé par un *croissant*, dont la partie concave se complète par une *face humaine* tournée à sénestre.

L'intérieur de cette chapelle, dont la description prendra place dans la seconde partie, présente, sous une autre forme, les mêmes empiètements inaugurés, dans le commencement du XVIe siècle, au détriment de l'architecture du moyen âge.

XV.

GARGOUILLES, CORNICHES ET APPAREIL DE MAÇONNERIE.

Partout, à la cymaise des corniches, auxquelles viennent aboutir la toiture du vaisseau central et des collatéraux, sont assujetties des gargouilles en pierre, qui affectent la forme d'animaux fantastiques ou réels : quadrupèdes à ailes de chauve-souris et à queue de serpent, biches à double mamelle pendante, lions, etc., soit couchés tout de leur long, soit accroupis. Ces curieuses gouttières, en saillie, garnissent tous les angles, et même les piliers-buttants, qui servent à éconduire les eaux pluviales, dirigées vers la gargouille par la rigole creusée dans le bahut rampant, et en forme de toit, que représente le dessus de leur arc.

Le toit des tours s'appuie sur une corniche portée par des modillons ou corbeaux ; celui de la grande nef retombe sur un assemblage de moulures superposées. Un cordon de larges feuilles entablées, à trois lobes obtus, circule le long du couronnement des bas-côtés.

Le revêtement extérieur des murs, et le mode de construction de toutes les parties saillantes de la bâtisse, est ce qu'on appelle le *grand* et *moyen appareil* entremêlés, qui se composent de pierres calcaires du pays, nettement équarries, et posées horizontalement, par assises régulières, que n'interrompent nulle part, soit des portions de tuf, ou bien un cordon d'un ou de plusieurs rangs de briques posées à plat.

Les voûtes sont construites en moellons et en tuf calcaire, entremêlés dans des proportions à peu près égales.

Le pavé de l'église, uniquement composé de dalles rectangulaires en pierre, ne se fait pas remarquer par des dessins, ou par des compartiments variés, obtenus à l'aide de matériaux de nuances, formes et matières différentes.

DEUXIÈME PARTIE.

INTÉRIEUR.

I.

LES SYSTÈMES ET LES ON DIT.

« Le style est la véritable pierre de touche
» des documents écrits. » *J. P. Schmit.*

« *Nec pigebit me sicubi hæsito quærere,*
» *nec pudebit sicubi erro discere.* »
S. Aug. de Trinit. I.

Presque tous nos vieux sanctuaires, plus ou moins notables, outre la mention d'âge et les vicissitudes de leur longue existence qu'atteste la pierre, ont encore des fastes fabuleux, basés sur un texte complaisant, ou sur un anachronisme populaire. Telle est aussi la destinée de l'église d'Avioth.

Ceux qui se sont imposé la tâche d'interpréter ce poëme de *calcaire*, et la classe plus nombreuse encore des curieux, prêts à adopter sans contrôle la première hypothèse venue, peuvent se classer en trois catégories principales.

Les uns, pour donner à l'église d'Avioth un prestige hors ligne, ont cru qu'il suffisait de lui adjuger la préséance d'âge et une origine princière ; — les autres, amis d'un merveilleux plus insaisissable encore, invoquent l'intervention des *fées*, voire même du *malin esprit*, en quête d'une âme, et déçu dans son attente. — Il en est enfin qui, plus méticuleux, et n'osant s'écarter des voies frayées par la science moderne, ont palpé, un à un, les divers linéaments de l'édifice, et scruté la forme de la matière, pour arriver à un résultat en rapport avec les exigences de notre époque. Nous interrogerons, tour à tour, ces divers systèmes.

Et pourtant que de tâtonnements infructueux l'on se serait épargné, si, faisant table rase, et fermant l'oreille à toute influence intéressée, on avait cru devoir (même à défaut du style, encore incompris au siècle dernier, et négligé forcément, de nos jours. par ceux qui ne sont pas sur les lieux) aborder ce problème du bon côté ! Il ne s'agissait, en effet, que de juger la question sur pièces authentiques, sur témoignages écrits, sans esprit de système, sans prévention aucune.

Dans les quelques actes de chancellerie, relatifs à notre sujet, que nous avons été à même de consulter, il reste encore assez d'indices, assez de traits de lumière et de réminiscence des siècles passés, pour arriver à la connaissance des faits..... le lecteur en jugera.

Disons, d'abord, que ce qui a induit en erreur le curieux peu familiarisé avec les éléments précis des divers styles du moyen âge, et, dès lors, disposé à adopter les *on dit* sans contrôle, disons que ce qui a fait classer l'enceinte inférieure en pleine époque romane, c'est la haute autorité de Malte-Brun, c'est le caractère massif et trapu des piliers cantonnés de la nef et des piliers-colonnes du chœur ; ce sont, par dessus tout, les récits populaires, qui font intervenir, ici, tantôt le *petit-fils de Charlemagne,* tantôt et le plus souvent, le premier *comte de Chiny* (IXe et Xe siècles). La même crédulité, procédant en sens inverse quand il s'agit des derniers vestiges de la domination romaine dans nos contrées, y reconnaît invariablement l'œuvre de la reine *Brunehaut* (1).

---

(1) Nous pensons que les observations suivantes, empruntées à deux archéologues, dont le savoir fait loi en pareille matière, ne seront pas déplacées ici :

« L'âge d'un édifice n'est pas toujours facile à reconnaître. Les tradi-

Pas un seul détail des linéaments inférieurs de l'édifice, rien, non plus, dans l'ensemble des piliers mentionnés plus haut, qui semblent, plus spécialement, se mettre en relief par leur volume pour appuyer la légende..... rien qui justifie une aussi haute antiquité.

Par sa forme *octogone*, et par l'absence de *pattes*, ou *feuilles*, au tore majeur qui la surmonte, la plinthe répudie l'influence, tant du style roman pur, antérieur au XIIe siècle, que de la période de transition, qui précède immédiatement l'architecture

---

» tions sont souvent trompeuses, quand elles remontent à une époque un » peu reculée... On conçoit combien le chroniqueur, mû par quelqu'in- » térêt particulier, ou par un *zèle déplacé pour l'honneur de son église*, » à l'abri du contrôle de la publicité, pouvait aisément consigner dans » son livre des erreurs, involontaires ou calculées, qui, plus tard, sont » devenues des preuves pour le vulgaire, et des embûches, ou au moins » des embarras, pour l'érudit... »

» *Le style est la véritable pierre de touche des documents écrits*, » et son étude a déjà ruiné bien des échafaudages établis par la seule » critique littéraire... Les siècles ont, en beaucoup d'endroits, suc- » cessivement altéré la physionomie des anciens édifices par des addi- » tions, des interpolations, des remaniements; il est donc nécessaire » d'apprendre à reconnaître toutes ces circonstances, à la simple inspec- » tion d'un monument, sans quoi mille incidents pourraient souvent » entraîner à des conjectures fort éloignées de la vérité... »

Manuel de l'architecte, par *J.-P. Schmit.*

« Les études de l'architecture sont liées intimement aux études histo- » riques; elles ne peuvent en être séparées. Sans les témoignages de » tous les monuments épars sur notre sol, et qui sont parvenus jusqu'à » nous comme un héritage des siècles, combien d'antiques usages, com- » bien de mémorables événements seraient restés ignorés ou incompris? » Quelques fragments d'un temple, une colonne, un débris de sculpture, » épargnés par le temps, servent souvent à marquer la physionomie de » toute une phase de la civilisation, à renouer la chaîne des traditions » interrompue par le silence des historiens, ou par la perte de leurs » écrits. » *Albert Lenoir, Etudes d'architecture.*

ogivale inaugurée au XIIIe siècle; d'un autre côté, le type des chapiteaux est bien celui du XIVe siècle.

Rien, dans les inscriptions tumulaires que possède l'église d'Avioth, ne vient s'inscrire en faux contre ces preuves d'origine. Et n'est-il pas à propos de se demander pourquoi cette bâtisse, dont les premières assises accuseraient plusieurs siècles d'intervalle entre elles et la grande nef, n'a pu exhiber aucune trace d'inhumation antérieure à 1411 ? Ce fait a sa signification.

Un remaniement a eu lieu : cela est évident ! Les deux styles, qu'accusent les contours supérieurs, se heurtent parfois trop brusquement, et ils intervertissent leurs dates, trop en dépit de la chronologie, pour ne pas nous rendre attentifs sur maintes lacunes qui n'ont pas toujours leur trait-d'union.

La grande voûte, aussi bien que celle des collatéraux, sont du plus pur *rayonnant*: par contre, toutes les fenêtres supérieures, une seule exceptée, appartiennent, soit en totalité, soit partiellement, au second âge du style *flamboyant*. Nous savons déjà que ce désaccord coïncide avec l'érection de la *chapelle neuve*. Le cachet des vitraux peints nous en indiquera la cause ; et nous pourrons, dès lors, conclure, avec certitude, qu'en 1539 on ne s'est pas borné à l'ajoutement de cette chapelle, mais qu'on a aussi décoré l'église, à la même époque, de nouveaux vitraux peints, et que la pose de ces verrières a eu pour résultat le rajeunissement de la majeure partie des fenêtres, à l'exception de celles des sous-ailes, déjà murées précédemment, ou seulement supprimées alors, à l'exception aussi des baies de l'abside, et d'une seule ouverture au côté gauche de la nef, dont le type rayonnant a été également respecté, par la raison que les verres peints, évidemment contemporains de l'érection de l'église, et dont elle est encore pourvue actuellement, se trouvant seuls en bon état, sa transformation n'aurait pu s'effectuer sans dommage grave pour les panneaux qu'elle encadre.

Presque chaque page de l'*histoire de l'architecture en Belgique* cite un trait semblable de revirement de goût, à l'appui de ce que l'église d'Avioth atteste d'une manière si évidente.

M. *Delhotel* a entrevu la vérité sur l'origine de notre église, et lui rend hommage dans ses écrits ; il ne laisse pas, à vrai dire, que de payer un léger tribut aux préjugés de son temps, en essayant de faire concorder les renseignements dont il est pourvu avec une antiquité chimérique ; cette préoccupation l'obsède, mais ne le domine pas. Les premières pages de l'*introduction* nous apprennent avec quelle sagacité il a tracé aux archéologues le programme de leurs investigations. Son ignorance du style ne lui a pas permis, il est vrai, de formuler une conclusion finale ; mais il a compris que l'enchaînement logique des faits, qui s'éclaircissent l'un par l'autre, suppléerait, jusqu'à un certain point, au défaut d'archives et de notions architectoniques pour « *supputer les années.* »

Notre zélé et pieux chroniqueur, tout entier à ses regrets sur « *la perte des titres et documents, concernant l'institution de l'esglise, par les rigueurs et fascheries des misères des gueres et malices du temps passé,* » s'exagère la gravité du mal, et oublie combien ses explorations laborieuses en ont atténué la portée. Echo fidèle des récits de son époque, il a recueilli un souvenir populaire bien caractéristique, commun à maint autre sanctuaire de ce genre ; laissons-le parler avec sa naïveté habituelle :

« *Je diras icy que pour la rareté de l'argent lhors de la* » *construction de nostre dit Esglise, j'a apris que un ouvrier,* » *pour sa journée, ne tiroit que deux ou bien ung quartel de* » *grain. Voyé la paucité de l'argent, pour lors, et le vil prix* » *du grain ! Je dois, me semble, de dire à ce subiect d'auoir* » *veu des comptes de la dite Esglise où ils font mention que du* » *passé le bled ne vallait que dix sols, le métillon .... sols,* » *l'aveine un sol, pour chacun franchar. Le monde de ce temps-* » *là, cependant, vivoit fort commodément, aussi bien que pré-* » *sentement, ce qui ce feroit encoir, si les hommes de ce siècle* » *vouloient sur ce entendre et y donner règlement.* »

L'apologiste de Notre-Dame se persuade que *saint-Bernard*

(1091-1153) « *souuent at visité ceste esglise et y at célébré* » mais il se hâte d'ajouter, par manière de correctif à cette opinion un peu hasardée, qu'à l'un des portails « *ce voit parfaitement une image de S*[t] *François, en habit de capucin; pour ce l'on peut conjecturer qu'auparavant S*[t] *François subsistoit* (1). »

M. *Courtois*, chapelain d'Avioth, de 1784 à 1791, se prononce plus catégoriquement; voici comment il interprète l'épitaphe du sarcophage de l'abside (Chap. XVIII. *Tombes.*) :

Ci gisse Birgère, Comtesse, morte l'an 1000, et Heneric, comte de Breux, mort l'an 1001 ! ! !

Partant de cette donnée, M. l'abbé Courtois poursuit ses perquisitions. A la voûte figure un *Agnus Dei*, avec légende circulaire en majuscules gothiques; or, d'après l'opinion de notre paléographe, le *type majusculaire* est essentiellement propre aux VIIIe et IXe siècles (2); voilà donc le problème en bonne voie de solution ! Un argument péremptoire, à l'appui de ces résultats, lui est fourni par la critique littéraire. La note II, qui suit l'introduction, nous apprend comment le témoignage de *Bertels* a été surpris pour décerner à *Arnould de Granson*, premier comte de Chiny, mort en 982, le titre de bâtisseur de notre église. M. Courtois revendique, à juste titre, la priorité de cette découverte, qu'il a eu l'attention de signaler au monde savant, dans le *Narrateur de la Meuse*, et au clergé d'Avioth, par une lettre, sans

---

(1) Ce saint figure, en effet, à la base gauche du cordon extérieur qui encadre le portail sud ; il est revêtu du costume de son ordre, les mains jointes et les reins ceints de la corde à triple nœud. Il a été canonisé par *Grégoire IX* (1227-1241).

(2) La *majuscule gothique*, transformation gracieuse de la *capitale latine* vulgaire, arrivée, au XIIe siècle seulement, à sa forme définitive, a fait place à la *minuscule*, dès le commencement du XVe siècle. Dans le fond, ce dernier caractère, qui a beaucoup d'angles et de tortuosités, est le même aussi que le *romain*.

date, qui remonte vraisemblablement aux premières années du siècle actuel (1). Les conclusions de notre archéologue lui appartiennent en propre; nous aimons à lui rendre cette justice.

Après avoir passé en revue ces divers systèmes et leurs sources traditionnelles, il nous reste encore, pour compléter notre enquête, à interroger les documents écrits. Une charte de l'infante *Isabelle*, du 21 janvier 1599 (2), et un bref d'*Innocent X* (juillet 1649) (3), nous ont paru mériter une attention spéciale. Nos matériaux sont en petit nombre, il est vrai; mais le peu, qui nous est tombé sous la main, contient des aveux très-explicites, et le lecteur se convaincra que le témoignage de ces pièces officielles, contrôlé par le style, ne peut induire en erreur.

Dans ces documents, émanés des autorités séculière et cléricale, — dans la charte d'affranchissement d'Avioth, en 1223, — dans le manuscrit de M. le curé Delhotel, qui résume les archives, la légende écrite et les traditions orales antérieures à 1668...., enfin dans les vieilles chroniques, indistinctement, pas le moindre indice d'un sanctuaire antérieur à celui du XIVe siècle, pas une phrase, pas un mot pour revendiquer un illustre patronage, pour substituer l'or d'un prince à l'obole du pèlerin. Si l'assertion contraire avait pu se produire avec quelque chance de succès, les tabellions, adulateurs stipendiés des grands, et le clergé, à l'affût de tout ce qui pouvait contribuer au renom et à la splendeur du sanctuaire, objet de sa constante sollicitude, n'auraient pas manqué de la faire sonner haut!

Ce silence absolu et significatif, d'une part, et, de l'autre, cet accord unanime dont les chancelleries, l'archéologie et la religion

(1-2-3) Archives de la cure d'Avioth.

se sont faits l'écho, depuis les temps les plus reculés jusqu'au siècle dernier, tranchent nettement la question (1).

Le bref de 1649 donne *trois cent et quelques années d'existence* au *clergé d'Avioth*, et, d'accord avec le style de l'édifice, lui assigne dès lors, pour point de départ, le XIVe siècle.

« *Exponi nobis nuper fecerunt filii, rector et fabricerii ac* » *capellani aliiq. offāles parōlis Eccliāe loci de Avio, Treuiren.* » *Dioc., quemadmodum, à* TRECENTIS ET AMPLIUS ANNIS, *rector,* » *fabricerii, capellani aliiq. offāles* PRO TEMPORE EXISTENTES, » *dtae Eccliāe cum ōi studio et absque scandalo, divinis offīis* » *insistendo, incubuerint...* »

L'intervention du Souverain Pontife avait été requise pour mettre un terme aux empiètements des *Franciscains* de *Luxembourg* qui, tentés de s'immiscer dans le gouvernement de l'église d'Avioth, *se in dtāe Eccliāe gubernio, sub figurato praetextu pietatis, ingerere,* avaient émis la prétention d'y établir, en place du clergé séculier, une maison de religieux de leur ordre, assujettis, suivant la règle de saint François, au silence perpétuel; *unamq. dti ordinis domum regularem apud eamdem Eccliām ōi conatu fundere, perpetuum desuper silentium viā juris imponi facere.*

La charte de 1599 nous renseigne sur la provenance des fonds consacrés à cette bâtisse phénoménale.

---

(1) Un argument encore plus décisif est celui de la charte de l'archevêque *Hillin* de Trèves, de l'année 1157. Cet acte contient l'énumération de *vingt-cinq églises paroissiales*, ou *chapelles*, de communautés rurales, qui allaient porter, chaque année, leur cierge à *saint Dagobert de Stenay*, pour avoir été préservées des fureurs des Normands en 882. Elle mentionne *Thonne, Breux* et autres territoires voisins. Celui d'*Avioth* n'y figure pas. Ce bourg n'était donc pas encore *établi*, ou *rétabli*. (Note de M. le Président *Jeantin*.)

« ... *Nous auons reçeu l'humble supplication et requête de » noz bien amez les manans et habitans du villaige d'Auioth, » contenant... ne soit qu'il nous pleust benignement leur oc- » troyer ung marchié hebdomadal... et ce pour les considéra- » tions ensuyuantes, scauoir,... la restauration de la dite » esglise,* FONDÉE SEULEMENT D'AULMOSNAIGES, — *et dont se faict » à présent la queste par le pays et aultres voisins* — AUEC LE » PROUFFICT, TRAFFICQUE ET BIEN PUBLICQ DU PAUURE PEUPLE... »

Les considérants de ces deux actes ne sont que la reproduction textuelle des suppliques auxquelles ils répondent; or, ces suppliques rédigées, à n'en pas douter, par le clergé et les notables d'Avioth, avec le secours des archives de la cure et de la commune, font connaître très-explicitement quelle était, il y a deux siècles et demi, l'opinion des personnes les mieux renseignées sur le point en litige.

Ce double exposé historique, ratifié par la *cour de Rome* et par le *gouvernement des Pays-Bas*, nous fournit une *date* garantie par les notions archéologiques, et fait intervenir le *pauvre peuple*, à la fois, dans l'*origine* communément admise, et dans la *restauration* de notre basilique, spoliée, en 1596, par les huguenots de *Bouillon* et de *Sedan*.

Ecoutons encore ce que nous apprend sur la libéralité du peuple une décision de l'archevêque de Trèves, de 1574 (1) :

« ... *Nobis expositum fuit quemadmodum antiquitùs, ma- » ximâ e devotione, ex diversis regionibus et locis, assiduò, » indulgentiarum promerendarum gratiâ, ad divam virginem » Mariam ibidem magnus populi concursus fiebat, qui pro » instauratione et ornamentatione cultùs divini ac fabricae » ipsius ecclesiae suas porrigebat manus adjutrices...* »

Point de divergence d'opinion sur ce fait ! A *Rome*, à *Bruxelles*, à *Trèves*, à *Avioth*, l'accord est unanime. C'est la *statue*,

(1) Archives de la *cure d'Avioth*.

— *d'origine céleste*, suivant la pieuse croyance de nos pères, — ce sont les indulgences octroyées par le Vicaire de Jésus-Christ, — qui ont donné naissance à notre gracieuse cathédrale ; — c'est aussi l'extrême détresse du pauvre peuple, dans ce moyen âge si poétique et si séduisant en apparence, mais dont l'écho affaibli nous révèle tant d'agitations et de calamités, qui lui a fait sentir le besoin de se ménager, au lieu même du *miracle*, une citadelle mystique « *civitas refugii* », sous l'égide de Celle à qui tout pouvoir a été donné dans le ciel et sur la terre : « *data est illi omnis potestas in cœlo et in terra* (1) ! »

C'est donc avec raison que M. *Delhotel*, enfant du peuple et du pays (2), se prononce en faveur de cette tradition dans ses récits, à bâtons rompus et au style incorrect, mais pleins d'effusions onctueuses ; c'est avec raison qu'il invoque, itérativement, et le témoignage traditionnel et constant de tous ses « *ancestres et deuanciers* », et la sanction des archives, pour exalter l'œuvre de la foi des *manants* ; c'est avec raison qu'il s'est attaché à faire ressortir l'évidence d'un fait *historique*, méconnu par tous nos géographes du XIXe siècle, depuis *Malte-Brun* jusqu'à *Hanriquet*, *Renaudin*, etc, lesquels, glosant à distance sur le sujet allégorique du portail, et enchérissant sur les conceptions de M. *Courtois*, leur maître, ont prêté, de bonne foi, un costume splendide aux prétendus *comte et comtesse de Chiny* (3), dont le

---

(1) Manuscrit de 1668.

(2) La prédilection marquée que M. *Delhotel* manifeste pour la *maison de Breux*, nous donne à croire qu'il est originaire de ce village, où plusieurs familles portent encore son nom.

(3) « Au faîte du monument s'élève un *Calvaire* (M. Courtois y a vu » un crucifix), près duquel sont, à genoux, les mains jointes, deux per- » sonnages magnifiquement vêtus. La tradition attribue la fondation de » l'église d'Avioth à *Arnould*, gendre de *Ricuin* ; mais ses successeurs » l'auraient beaucoup embellie. On veut même que les deux grandes » statues, placées au sommet du portail, représentent le premier comte

vœu — l'homogénéité du style l'atteste — n'aurait été accompli que trois siècles et demi après leur décès ! !

Dans l'intérêt d'un culte si approprié aux besoins intimes de la condition humaine, et dans celui de la vérité historique, à laquelle il est de notre devoir à tous « *d'ajouter quelque chose en certitude et en clarté* (1) » nous avons cru devoir insister sur ce point.

Cette noble origine, dont les titres sont imprescriptibles, explique pourquoi l'église d'Avioth est devenue, dès le principe, le centre d'attraction de toute la contrée, et l'objet des pèlerinages de l'ancien duché de Luxembourg. Chaque année une foule de paroisses, actuellement françaises, belges, ou grand-ducales, notamment *Habergy*, *Hachy*, *Stockem*, *Thiaumont*, *Martelange*, etc., y venaient processionnellement rendre leurs hommages à la Reine des cieux; et quelques-unes franchissaient de grandes distances, puisque l'on cite la paroisse de *Fauxvillers* (Belgique), à 40 kilomètres d'Avioth, au nombre de celles qui accomplissaient le pèlerinage. Telle était, nonobstant le haut renom acquis au sanctuaire, plus récent, de la *Vierge* dite de *Consolation* de *Luxembourg*, la confiance populaire en *Notre-Dame d'Avioth*, lorsqu'éclata la révolution de 93.

Depuis lors, le souvenir des anciennes traditions et celui des calamités, qui rattachaient toutes les populations circonvoisines à ce lieu de bénédictions et de prière, par un lien sacré de reconnaissance, s'est totalement oblitéré. Pourquoi donc cet oubli?

Le positivisme matériel, cette *lèpre* plus contagieuse que la

---

» de Chiny et sa femme, *Mathilde d'Ardenne*. » (Geographie de la Meuse.)

Nous pourrions fournir beaucoup d'autres citations de l'espèce, mais cet échantillon suffira au touriste, qui a pu s'assurer, par lui-même, de l'état des choses.

(1) Augustin Thierry.

triste infirmité des *bons malades* d'autrefois (1), s'insinue dans les villages; et il ne restait plus au campagnard de notre siècle,

---

(1) « *Convient scauoir que de nostre dit esglise dépend un hospital » scitué au dit Avioth, vers la fontayne du dit lieu, comme il se » contient, auec les émoluments du dernier, qui at esté institué pour » le logement des pauvres passants, pour le logement d'un hospi- » talier-lauandier, aiant obligation de debuoir recepuoir et loger » les pauvres passants pour la nuicté seulement, et sans aultre obli- » gation, parceque dudit hospital ne dépendant aulcunes rentes » pour y obliger un hospitalier, et ne peuvent les dits pauvres » prendre retours que aus ausmôsnes des bonnes gens. Le dit hos- » pital, ruiné qu'il estoit des rigueurs des gueres dernières, at esté » restablit par la charité et ausmosne d'Anne Richi, Barbe Richi » du dit Avioth, à l'estat qu'il se treuve restablit.* »

« *Du passé, dans le dit hospital, y soutainoient une chambre où » souloient ce retirer les lespreus, ou bons malades, le lendemain » de la décolation de S*[t] *Jean, auquel iour ce fassoit un service pour » les trespassés en la dit Esglise, par le curé et fabriciens, que l'on » disoit le service ou anniversaire des Gigleurs, et, pour faire ce » service, il leur estoit permis d'aller par la foire chercher les aus- » môsnes des bonnes gens; et les dits bons malades, après le dit » service, avoient coustume se retirer dans la dit chambre, pour » tenir leur conférance, et choisir un maistre entre eux, pour avoir » le soingt de leurs affaires; et parfois ils avoient récréation par » ensemble, et beuvoient le coup du reste de leurs ausmôsnes.* »

(Manuscrit de 1668.)

« Vers la fin du huitième siècle, deux cruels fléaux, venus de l'Orient, » furent importés parmi nous : la petite vérole et la lèpre. Mais ce fut » surtout, lorsque, par suite des croisades, nos rapports avec l'Asie » devinrent plus fréquents, que les progrès faits par cette dernière ma- » ladie devinrent effrayants. Dix-neuf mille léproseries, qu'on désignait » aussi sous le nom de maladreries ou bien encore sous celui plus doux » de maisons de Dieu, répandues sur la surface de l'Europe, étaient à » peine suffisantes pour contenir tous les malheureux qui en étaient » infectés. » (Dictionn. de Nap. Landais et *passim*.)

L'établissement d'Avioth n'avait aucun des caractères d'une maison pour se rendre compte du grandiose de l'édifice qu'il a sous les yeux, qu'à lui fabriquer une origine princière, en jetant cette réponse au touriste : « *C'est le comte de Chiny qui l'a bâtie ; preuve que le voilà, là haut, avec la comtesse sa femme ; et celle-ci, vous la verrez encore couchée sur sa tombe* (1), *derrière le chœur !* »

Quant à l'intervention des *fées* (2), ou de quelque *lutin*, dans l'œuvre de sa bâtisse, ces idées ne sont plus de notre siècle, encore bien que les noms des lieux dits — à *Belzébut*, — aux *Grimonts*, — aux *Zenys*, — à la *fontaine des fées*, attestent la puissance qu'elles ont eue autrefois dans cette contrée.

---

du genre de celles mentionnées plus haut. Les *lépreux*, comme tous les pèlerins qui affluaient à Notre-Dame d'Avioth, n'y étaient hébergés que pour une nuit. La lèpre proprement dite, ou *l'éléphantiasis* des Grecs, maladie héréditaire et contagieuse, dans laquelle la peau se recouvre de tubercules durs, inégaux, plus ou moins volumineux, passant par degrés à un état d'ulcération, qui ronge les ongles et fait tomber les doigts, éveillait, à juste titre, la commisération du clergé d'Avioth, et réclamait l'usage d'un local à part, où ces malheureux, repoussés par les habitants du village, trouvaient un abri momentané, à l'époque de l'anniversaire mentionné par M. Delhotel.

Cette maladie paraît avoir disparu de l'Europe, et le manuscrit de 1668 en parle comme d'un fait d'ancienne date, rapporté sur des ouï-dire.

(1) Voir au chap. XVIII la mention de cette tombe, qui porte les millésimes 1421 et 1430.

(2) Il y a des personnes qui se persuadent encore, de bonne foi, que l'église d'Avioth a été bâtie en une nuit par les *Fées*. Une seule pierre manquait à l'édifice, quand le premier chant du coq se fit entendre. A ce signal les ouvrières industrieuses, rappelées sans délai dans leurs sombres grottes, laissèrent incomplète l'œuvre pie qu'elles venaient de créer avec une si prodigieuse célérité.

On a cru pouvoir expliquer par ce récit pourquoi l'église est restée inachevée jusqu'à ce jour.

« La croyance aux *fées*, aux *apparitions*, aux *intersignes*, aux *sor-*

II.

BUFFET D'ORGUES.

Les notions archéologiques et la tradition locale sont d'accord pour démontrer que l'orgue d'Avioth n'a pas toujours occupé son emplacement actuel en tête de l'édifice. On croit qu'il figurait anciennement, sous une autre forme et dans des dimensions plus restreintes, sur le côté de la grande nef aboutissant au transept septentrional. Le tracé de la porte, actuellement murée, qui, de la voûte du collatéral gauche communiquait au buffet, est encore visible, et la corniche de cette portion du *triforium* a été restaurée récemment. Au surplus, le style peu caractéristique du buffet ne nous paraît pas antérieur au XVIIe siècle, et pourrait bien être de date plus récente encore.

En 1668, M. *Delhotel* nous l'apprend, la chapelle sépulcrale, sise sous la tour du nord, était encore pourvue de son cénotaphe et, sans doute aussi, affectée au culte : « *La chapelle du* » *St Esprit en la dite Eglise, à l'entrée d'icelle, où plusieurs*

» *ciers*, au *sabbat*, aux *revenants*, aux *Buguel-Noz*, aux *esprits follets*, » au *Juif-Errant*, aux *Corriquets*, aux *Boléguéans*, aux *Poulpiquets*, » aux *Cornandons*, aux *Lavandières de nuit*, aux *mauvais vents*, » etc., etc., n'est pas particulière aux habitants de telle ou telle contrée. » Ces superstitions sont de tous les pays, à très-peu de variantes près. »

« Toutefois, on pense assez généralement que la croyance aux *Fées* » a pris naissance dans l'Armorique, où l'opinion commune les confond » avec les *druidesses*, dont la crédulité avait exagéré outre mesure le » pouvoir et la science. On s'imaginait alors, de bonne foi, qu'elles » déchaînaient et calmaient à leur gré les tempêtes, qu'elles prédisaient » l'avenir, guérissaient tous les maux, enfin, qu'elles pouvaient prendre » toutes les formes comme les dieux de la fable. »

Presse bretonne. B. Jollivet.

» *Seigneurs et Dames de Breu y sont en sépulture, comme ce* » *peut encore voir pour le jourd'hui...* » La suppression de cette chapelle pouvant être envisagée, à bon droit, comme une conséquence de l'ajoutement de la tribune, il y a lieu de croire, dès lors, que ces remaniements sont postérieurs à la chronique de 1668, qui nous fournit la mention suivante :

« *En l'augmentation de l'honneur de ceste esglise y auoit* » *des orgues sy subtillement trauaillé, comme ce peut encore* » *voir, sauf que touts jeux ou tuyo sont esté emporté par les* » *Granates en l'an 1636, auec encore deux cloches et clochettes* » *de l'horloge, restant encore en nostre esglise le dit horloge,* » *mais pour le présent non de usage.* »

Les travaux nécessités à la suite de ces actes de vandalisme nous paraissent préciser l'époque à laquelle se rapportent les modifications que nous venons de signaler.

Il est bien à regretter, du reste, que l'on ait sacrifié le coup d'œil magique de deux roses superposées, dont l'une s'efface complétement derrière l'orgue, qui aurait pu s'adapter, à moins de frais, sur l'un des côtés. Une autre conséquence fâcheuse de ce revirement de goût a été de tronquer les collatéraux, en supprimant leur dernière arcade. Nous aimerions à voir nos savants architectes, plus scrupuleux que leurs devanciers des deux derniers siècles, faire bonne et prompte justice de ces altérations et surcharges inconsidérées (1).

---

(1) « Quant aux *tribunes d'orgues*, placées en face de la nef cen- » trale, et adossées aux portails, leur construction ne paraît guère anté- » rieure à la fin du XVe siècle, ou au commencement du XVIe siècle ; » car auparavant les orgues, outre qu'elles n'étaient pas très-communes » et qu'elles étaient la plupart portatives, n'avaient pas de place fixe, et » se posaient arbitrairement, tantôt dans le chœur, ou dans un de ses » collatéraux, tantôt dans un des transepts, ou sur un des côtés de la nef. »

(*Schayes*, Histoire de l'Architecture.)

III.

PILIERS ET FAISCEAUX.

Massifs et trapus, et de plus irrégulièrement distanciés et d'inégale hauteur, les *piliers* et autres supports sont, en outre, très-variés dans leur structure respective, et même selon la face qui correspond, soit à la nef centrale, soit aux collatéraux. Les uns sont cylindriques, cantonnés de quatre colonnes rondes, dont l'une se prolonge au centre du faisceau de la grande voûte. Les autres, sans chapiteaux, mi-partie pentagones, affectent, à leur revers, la forme triangulaire, aux trois angles engagés dans des colonnes cylindriques. Plus loin, la réunion de deux faisceaux, à l'endroit où la voûte centrale débouche sur la croisée, produit un revers, en massif plat de maçonnerie, d'une largeur démesurée. Tantôt les roseaux, groupés par trois, cinq ou sept, descendent jusqu'à la base des piliers, tantôt ils s'arrêtent sur des socles individuels, qui font saillie au-dessus du chapiteau du pilier inférieur, ou bien ils s'appuient sur le cordon saillant qui devait recevoir la galerie du *triforium*, restée à l'état de projet, ainsi qu'une foule d'autres embellissements, dont l'inexécution dépare la plupart des monuments de l'espèce.

Ces supports sont disposés de la manière suivante : en tête des nefs, quatre *piliers-cantonnés* très-dissemblables, et quatre *piliers-colonnes* uniformes, en hémicycle, au chevet du chœur. Le point d'intersection de la croisée et la première arcade du chœur reposent sur des faisceaux au nombre de six.

Aux murs d'enceinte, la voûte appuie ses retombées sur des demi-faisceaux composés d'un nombre plus ou moins grand de colonnettes disposées en triangle, à l'exception de celui placé à l'entrée du croisillon, qui forme une sorte de pilastre carré, ou faisceau inachevé, flanqué de quatre roseaux engagés et en relief.

Ce manque d'harmonie, cet étrange décousu, que l'on retrouve partout, dans les parties inférieures du monument, deviennent inexplicables, quand on envisage l'art exquis qui a présidé à la sculpture des chapiteaux, façonnés tous d'après le même style varié avec une riche fécondité. Il y a, à chaque pas, des preuves manifestes d'inexpérience et d'un tâtonnement malheureux. L'équerre, le compas, le coup d'œil même, semble-t-il, faisaient défaut aux premiers ouvriers. Ici l'ogive est boiteuse ou penchée, ailleurs elle est abruptement tronquée, ou tracée d'une main indécise. L'un des collatéraux est plus large que l'autre. L'espacement irrégulier, le formes et hauteurs dissemblables des piliers de l'allée centrale, la gêne que l'on remarque dans leur raccord avec les faisceaux des parois supérieures, la structure défectueuse des arcades, tous ces faits démontrent que les parties inférieures des trois nefs, le chœur et les transepts exceptés, sont dues à une autre main que le reste de l'édifice, mais non à une autre époque ; car, si d'un côté le bon goût, l'uniformité dans l'ensemble, et les saines règles de l'art font défaut, le cachet du XIVe siècle se retrouve partout. On se persuade encore que, pour ne pas sacrifier les parties réalisées, on a dû se résigner à un remaniement difficile et discordant.

Une tablette inclinée, supportée par un socle qui s'adapte en encorbellement au second pilier de droite de la nef, figurerait, dit-on, les *tables de la loi*. Telle est la signification qu'un prêtre judicieux et savant attribue à cet emblème. On pourrait encore admettre que le socle a servi primitivement de support à un reliquaire, ou à quelqu'autre sculpture d'ornement.

La décoration des chapiteaux offre partout, à l'intérieur comme à l'extérieur de l'édifice, aux tores des fenêtres et portes, aussi bien qu'aux piliers et faisceaux, le mode d'ornementation inauguré dans le XIVe siècle, qui a vu disparaître les crochets saillant extérieurement en volutes, pour faire place aux feuilles de divers végétaux, qui se recourbent en dedans, et s'agencent de mille manières autour de la corbeille des chapiteaux, partout ici de forme ronde et surmontée d'un tailloir octogone (1).

Tantôt ce sont des feuilles cordiformes, pétiolées, sur deux rangs, ou bien à trois divisions trilobées. Ici elles représentent, soit des touffes de lierre régulièrement espacées, soit des branches de chêne ou des feuilles de vigne, soit encore des palmettes multifides, qui s'enroulent autour de la corbeille, ou retombent du haut de son tailloir ; ailleurs, et notamment le long des murs qui forment la clôture de l'abside, le feuillage fait place à des fleurs vues de face, roses, chrysanthèmes, etc., reproduites avec une exactitude minutieuse.

Aux deux dernières rangées de gauche des faisceaux de la nef centrale, la corbeille est dépourvue de toute sculpture (2).

---

(1) « *Au XIV*e *siècle les chapiteaux des colonnes ont une décoration » beaucoup plus variée que celle de l'epoque ogivale précédente; aux » crochets saillant extérieurement en volutes, ont succédé généralement » des feuilles de chêne, de lierre, de fraisier, de figuier, de vigne, repro- » duites avec une rare exactitude, qui ornent la corbeille cylindrique ou » polygone des chapiteaux. Leurs tailloirs sont élevés, hexagones ou » octogones, et à moulures très-prononcées.* »

(*Schayes*, Histoire de l'Architecture.)

(2) Dans son analyse des éléments du style ogival secondaire, M. *Schayes* s'exprime ainsi : « Aux colonnes, ou piliers en faisceaux, les » roseaux ou longues colonnettes sont plus nombreux, plus maigres, » mais dégagés du pilier central qui leur sert de noyau, et n'offrant plus, » comme précédemment, des angles droits, saillants et rentrants... Les » bases des colonnes sont plus simples ; par la suppression de la scotie » entre les deux tores qui les composent, et qui sont maintenant posés » à plat l'un sur l'autre, elles perdent le caractère des bases attiques » d'un emploi si général auparavant... Aux colonnes en faisceau, chaque » groupe de colonnettes a un socle particulier. »

Cette citation s'accorde de point en point avec notre sujet et nous dispense de fournir de nouveaux détails sur la matière en question. Nous nous bornerons à noter que les détails des bases n'admettent aucune variante, et se reproduisent fidèlement aux faisceaux aussi bien

IV.

VITRAUX PEINTS.

Parmi les fenêtres de l'église d'Avioth il en est un bien petit nombre, — une à l'entrée de la nef, et deux au fond du chœur, — qui ont conservé, sans lacunes considérables, leurs vitraux peints, remarquables par deux types bien distincts, qui correspondent aux XIVe et XVIe siècles.

Nous avons esquissé sommairement, dans notre Introduction, et classé dans la première catégorie la verrière située à gauche de l'orgue, verrière dont la partie saillante consiste dans une série de médaillons historiés, qui mesurent 30 à 35 centimètres, environ, en diamètre.

Ces tableaux sont disposés perpendiculairement, au nombre de huit, dans chacune des deux divisions centrales de la baie. La lancette de gauche, dont le médaillon supérieur fait défaut, renferme, à partir de la base, les sujets suivants :

1° *L'annonciation.* — L'ange est porteur d'une courte banderole, sur laquelle sont tracées, en majuscules gothiques, les trois premières lettres du mot MARIA. Sa droite, levée vers le ciel, indique qu'il est l'interprête des volontés du Très-Haut. L'air pensif et le geste de Marie trahissent l'effet qu'a produit sur elle ce mystérieux message : *Turbata est... et cogitabat qualis esset ista salutatio.* La pourpre est l'attribut des Reines. L'humble vierge, promue à la plus haute dignité parmi les filles

---

qu'aux piliers disparates de la nef et du chœur. Ces membres se composent d'un tore majeur très-épâté, surmonté, sans transition, de deux petites moulures en retraite, faiblement accusées, et posant sur une plinthe octogone, parfois engagée dans le pavé, libre ailleurs, et se reliant à une seconde plinthe, de même nature, au moyen de deux tores séparés par un cavet.

d'Eve, en sera revêtue dans les tableaux suivants. Un livre à fermoirs figure dans sa main gauche.

2° *La Visitation.* — Elisabeth avance la main pour serrer sa cousine dans ses bras. Subitement inspirée, elle vient de prononcer des paroles prophétiques, dont l'influence se manifeste dans l'attitude de Marie, qui est toujours munie d'un livre. Les traits presque enfantins de la Vierge respirent la douceur et l'humilité.

3° *La Nativité.* — Une lampe d'église est suspendue à la voûte de la grotte. L'artiste a voulu retracer, d'après le Protévangile de saint Jacques, le muet témoignage rendu par les animaux à la divinité du fils de Marie : *Bos et asinus, flexis genibus, Deum adoraverunt.* Joseph paraît vivement impressionné par cette scène. L'enfant Jésus, dont la taille accuse un âge beaucoup trop avancé, est étendu, avec la rigidité de la mort et tout nu, sur une épaisse couche de paille, recouverte d'une ample draperie jaune. Le buste de la Vierge a disparu ; mais l'on voit sa main appuyée sur la poitrine du Verbe fait chair.

4° *L'adoration des Mages.* — Le plus âgé des rois fléchit le genou, et dépose humblement sa couronne à terre. Le Sauveur, représenté debout sur le giron de sa mère, vient d'agréer un premier don, et puise, de la main gauche, dans la coupe qui lui est présentée par cet adorateur. Les autres rois, coiffés, ainsi que Marie, du diadème à fleurons, se tiennent dans le fond du tableau; et l'un d'eux désigne, de l'index, l'étoile qui leur est apparue en Orient. L'offrande des Mages est figurée par un calice large et bas, style moyen âge, à couvercle hémisphérique. Le visage de ces rois, comme celui de tous les personnages des autres médaillons, est simplement profilé, et ne reproduit pas les variétés de races adoptées par plusieurs artistes. C'est le seul tableau où la Vierge porte le diadème. Partout ailleurs, elle est représentée tête nue, avec les cheveux flottants. Son costume ne diffère de celui de Joseph que par la longueur du vêtement. Elle porte la *stola* verte et le manteau royal de nuance pourpre, qui distingue aussi son fils avancé en âge. Les mêmes couleurs, mais interverties, sont propres à saint Joseph. Jésus-enfant est vêtu d'une simple robe jaune ou blanche. L'artiste a négligé les détails d'ornementation et les insignes caractéristiques.

5° *L'apparition de l'ange aux Bergers.* — Ceux-ci sont au nombre de deux, accompagnés de quelques brebis et d'un lévrier aux formes sveltes, qui semble partager l'étonnement de ses maîtres. L'accoutrement des pâtres se compose d'un étroit pourpoint, d'une courte draperie jetée sur l'épaule, de houseaux collants, et de souliers à la poulaine, en usage au XIVe siècle.

Une houlette figure dans la main du premier berger, qui s'est relevé stupéfait, à l'approche du messager céleste ; l'autre, assis sur une roche, n'a pas eu le temps de déposer la cornemuse, ce passe-temps de sa profession patriarchale. Un ange, planant dans les airs, proclame la venue du Désiré des nations, et déploie une banderole sur laquelle on lit, en majuscules gothiques, ces mots : *NATVS EST,* suivis de cinq lettres dont la signification nous paraît difficile à déterminer. D'après le verset 2 du chap. II de saint Luc, il faudrait lire : *Natus est vobis hodiè Salvator.* En envisageant ces cinq lettres comme des initiales, chose fort problématique, on pourrait compléter l'inscription de la manière suivante : *O P(astores) V(enite) AD (orare)* ; ou bien *A(d) D(ominum)*. Le type des caractères atteste que la verrière est antérieure au XVe siècle (1).

6° *La Présentation au temple.* — Le Sauveur, couronné d'une croix inscrite dans le nimbe, se produit, debout sur un autel recouvert d'un tapis, sous les traits d'un enfant de six ans. Il tient la main droite levée vers la demeure de son Père céleste, et serre dans l'autre un petit objet de forme ronde. Le cantique de Siméon vient de révéler à la Vierge-Mère un avenir de miséricorde et de deuil. L'unique insigne sacerdotal du saint

---

(1) Voir l'album ; Pl. 1, Fig. 2.

vieillard consisté en un voile blanc, qui recouvre son dos et ses bras; lui et Marie soutiennent, de part et d'autre, l'enfant de la promesse. Anne, dont le front est ceint d'un bandeau noué sur la tempe, porte un cierge tors, et la corbeille qui renferme le prix du rachat : *par turturum, aut duos pullos columbarum.*

7° *La Fuite en Egypte.* — Joseph, chaussé selon la mode du moyen âge, et le bâton de voyageur appuyé sur l'épaule, semble retenir l'humble monture pour faire halte. L'Enfant divin, altéré par les feux du désert, boit à longs traits le lait du sein virginal de Marie. Les regards de la Mère et du Fils se rencontrent dans un sentiment mutuel d'ineffable tendresse.

Le compartiment de droite, dépourvu du premier médaillon, présente, dans le même ordre, les scènes que voici :

1° *L'entrée du Christ dans Jérusalem.* — Il est accompagné de saint Jean, qui porte un livre, et de plusieurs disciples. Un personnage tronqué déploie un tapis sous les pieds de l'âne. Du haut de la porte de Jérusalem, une figure juvénile jette des palmes. L'image du Christ a été remplacée par un verre blanc.

2° *La Cène pascale.* — Le disciple bien-aimé s'est fait un oreiller de ses deux bras croisés; sa tête, appesantie par le sommeil, a fléchi et supporte la droite du Christ, dont la figure fait défaut. — *Amen, dico vobis, quia unus vestrûm me traditurus est!* Cette apostrophe a vivement impressionné les Apôtres, qui se groupent, pleins d'anxiété, autour de leur divin Maître. Parmi ces figures, on remarque une tête de vieillard frappante d'expression et de sentiment. Le couvert, consistant en pots flamands, écuelles et assiettes, est esquissé de la façon la plus rudimentaire et la plus maladroite.

3° *Le Baiser de Judas.* — Judas a prononcé la formule : *Ave Rabbi!* et présente traîtreusement la joue aux lèvres de son auguste victime. Quatre soldats, brandissant des glaives et des hallebardes, accompagnent le disciple apostat. Leur armure défensive se compose de bassinets, de heaumes et d'un bouclier sur lequel figure le *lion luxembourgeois*. Par-dessus la cotte de mailles, ils portent, à l'instar des lansquenets, la huque à compartiments en lozanges, et leurs jambes sont chaussées de bottes collantes à la poulaine. Dans le lointain apparaît une lanterne, qui jette son pâle reflet sur ce premier tableau de la Passion.

4° *La Flagellation.* — Le Christ, ceint d'une draperie jaune, est attaché à une haute et grêle colonnette, dont le chapiteau se bifurque en double crochet. Deux bourreaux manient le fouet à double lanière. L'artiste, en essayant de réaliser des mines patibulaires, a dépassé le but; et le grotesque des physionomies exprime la plus parfaite bonhomie.

5° *Le Christ en croix.* — La tablette reproduit, en majuscules gothiques très-régulières, les initiales habituelles : I.N.R.I. Jean, muni d'un livre, lève sa droite suppliante vers le Christ qui vient de terminer sa douloureuse agonie. Marie, dont les traits expriment une désolation portée à son comble, abaisse ses regards sur un hideux reptile, qu'elle semble repousser avec effroi, et qui se dresse menaçant à ses côtés. Cette création bizarre, dragon héraldique aux ailes de chauve-souris, au front armé de cornes, et dont le corps en volutes est celui du serpent, représente Satan, le séducteur d'Eve. Ce supplice, dont il est l'instigateur, le Prince des ténèbres l'envisage, sans doute, comme un triomphe ; et sont front ténébreux, qui s'est courbé violemment sous le talon de la Vierge sans tache, se redresse insultant contre elle.

6° *Les saintes femmes au sépulcre.* — Jean, toujours muni d'un livre, et deux femmes portant des boîtes à parfums, se penchent vers le tombeau vide, au-dessus duquel plane un ange. Deux soldats, couverts de mailles et vêtus de huques, dont les bords sont tailladés, sommeillent au pied du sépulcre. Le premier, armé de la lance et coiffé du bassinet, porte sur son bouclier le *lion luxembourgeois ;* l'autre gardien, dont la tête est couverte d'une salade orientale, a pour armoiries trois *besans* ou *annelets*. La silhouette des soldats n'est pas coloriée.

7° *L'Apparition du Christ à Marie-Madelaine dans le Jardin des Oliviers.* — La pieuse pénitente est agenouillée, en extase, devant le Sauveur, qui s'appuie, triomphant, sur une longue croix fleuronnée. Il abaisse sa main vers les cicatrices de ses pieds pour les montrer à Madelaine. Comme dans le bas-relief du grand portail, le feuillage convient moins à l'olivier, qu'au chêne ou au figuier.

Tous ces tableaux sont dépourvus de perspective, et les sujets se détachent sur un fond bleu d'arabesques végétales délicatement esquissées en noir.

Le côté artistique n'est pas le fort de cette galerie de tableaux, sortie d'une main peu habile ; mais sa valeur archéologique est incontestable. C'est moins une peinture qu'une sorte de mosaïque, enchâssée dans une armature de plomb qui contourne les sujets principaux et se complète, pour les détails secondaires, par un trait indécis et très-épais, expédient au moyen duquel l'artiste a suppléé, en partie du moins, aux nuances intermédiaires du coloris, dont l'éclat s'est fort bien maintenu sous une poussière cinq fois séculaire. La raideur des figures, qui offrent des détails de costume caractéristiques du XIVe siècle, n'exclut pas le naturel et le sentiment. Les dimensions du vitrail, que nous n'avons pu atteindre dans toutes ses parties, et des lacunes fréquentes nous imposent les limites d'une esquisse trop incomplète pour le haut intérêt de la matière.

Cet unique et précieux spécimen des verrières primitives du temple forme un contraste frappant avec le dessin correct, le coloris sobre et l'ornementation architecturale, si compliquée et si savamment rendue, des vitraux plus modernes du sanctuaire.

Le champ des fenêtres du chœur représente plusieurs saints superposés, qui se détachent, au nombre de deux ou trois dans chaque lancette, sur un riche fond d'architecture, aux tons clairs, simulant un élégant pinacle. Les formes architectoniques, reproduites avec une exquise délicatesse dans ces tableaux, proclament leur contemporanéité avec les derniers ajoutements du temple, exécutés au commencement du XVIe siècle (1).

---

(1) « L'introduction de la peinture sur verre dans les églises, dit » l'auteur de l'*Histoire de l'Architecture en Belgique*, remonte au » XIIIe siècle, si pas antérieurement; mais l'on ne peut citer en Belgique » que *deux monuments sacrés*, qui ont conservé quelques rares frag» ments de verres peints de cette époque. Nous ne sommes guère plus » riches, sous ce rapport, pour les XIVe et XVe siècles, bien que les » documents écrits constatent le grand nombre de travaux de l'espèce » qui ont été exécutés à cette époque. Ce n'est que de la première » moitié du XVIe siècle que datent ces magnifiques *verrières*, qui dé» corent encore en si grand nombre nos églises, malgré le vandalisme » des iconoclastes du XVIe siècle et les aliénations faites postérieu» rement par les conseils de fabrique. »

« Au quinzième siècle, les peintures sur verre, qui décorent les fenê» tres, offrent moins d'unité que dans les périodes précédentes ; les tons » clairs se reproduisent dans les pinacles et les dais peu colorés qui » encadrent les grandes figures isolées ; les nombreux ornements, peints » en jaune sur fond blanc, qui composent les vêtements des personnages, » ou les tapisseries tendues derrière eux, produisent une confusion qui » détruit l'harmonie ; à cette époque, le modelé des figures est fin et » transparent, mais d'une teinte grise et uniforme ; l'architecture, repré» sentée dans les fonds, prenant un grand développement, et ne rece» vant qu'une légère teinte rousse ou grise, rehaussée seulement par » des ornements jaunes, il en résulte que les personnages se trouvent » isolés dans un large champ, vague et peu favorable à la décoration : » rarement ces tableaux sont encadrés par des bordures colorées, » comme dans les siècles précédents ; ou, quand ces bordures existent, » elles ne sont plus conçues comme des mosaïques composées d'un » grand nombre de morceaux de verre rapprochés et unis par le plom» bage : ce sont des feuilles maigres et découpées, à l'imitation de celles » qu'on exécutait alors en sculpture, et ces ornements sont peints sur » de longues bandes de verre. »

« Les légendes abandonnées sont remplacées par des tableaux, dans » lesquels les perspectives d'édifices et de paysages jouent un grand

On prétend qu'un curé d'Avioth, offusqué du demi-jour aux teintes variées et des reflets suaves produits par les magiques verrières du chœur, se crut en droit d'autoriser, vers la fin du siècle dernier, l'enlèvement de celles, au nombre de cinq, qui font actuellement défaut. L'état de délabrement de ces vitraux, que l'on a sacrifiés en bloc, plutôt que d'en conserver religieusement les restes, a été, nous aimons à le croire pour l'honneur de M. *Dupré*, le véritable motif de cette aliénation bien regrettable, dont l'explication se retrouve encore dans « le mauvais » goût du XVIIe au XVIIIe siècle, qui a introduit la coutume de » plâtrer et de blanchir les murs des édifices religieux, et ne » reconnaissait à une église ogivale d'autre beauté que d'être » bien claire et bien proprette. »

Que dire, en effet, du travestissement sacrilége imposé à tant de vieilles cathédrales, jadis si sombres et si majestueuses, et qui, maintenant, — pour nous servir des termes d'un grand écrivain (1), — passées au lait de chaux, blanches et inondées de lumière, papillotent comme la salle d'une guinguette !

V.

VOUTES.

Toutes les voûtes sont à nervures croisées et d'un cachet parfaitement homogène.

L'aplatissement, en plate-bande, des arcs-doubleaux, et l'arête sortant du tore central des nervures, établissent un trait-d'union

---

» rôle, afin de former des compositions, agréables comme objets d'art, » mais dans lesquelles se perd l'accent religieux qu'on retrouve si fortement imprimé dans les verrières du treizième et du quatorzième » siècles. » (*Magasin pittoresque*, 1839.)

(1) *Emile Souvestre.*

entre le style rayonnant et son devancier, d'une part, et de l'autre entre ce même style rayonnant et son successeur. Cette forme elliptique, terme moyen entre le tore cylindrique du XIIIe siècle et la nervure prismatique du XVe, mise en regard avec l'arc en tiers-point de la grande voûte, précise, d'une manière indubitable, le commencement et la fin de cette bâtisse. L'ogive a conservé des formes plus pures et plus élancées dans les collatéraux, à cause du défaut d'espace entre les colonnes opposées qui reçoivent ses retombées.

La clef d'arc, formée par les points d'intersection des nervures, représente un médaillon orné de fleurs ou de feuillage, à l'instar des chapiteaux, ou bien historié. Trois médaillons de cette dernière catégorie, qui occupent le chœur et le centre de la croisée, représentent la sainte Trinité : le *Père*, sous la figure d'un vieillard nimbé; le *Fils*, sous celle de l'agneau; et le *Saint-Esprit*, sous l'emblême d'une colombe ou d'un ange. Ce symbolisme nous a été signalé par un jeune et savant curé, dont le coup d'œil juste et le rare talent d'observation ont grandement facilité notre tâche.

VI.

CHAIRE A PRÊCHER ET AUTRES MORCEAUX DE SCULPTURE.

La *chaire à prêcher*, sculptée en pierre, est adossée, en forme de tribune hexagone, contre le pilier de la nef centrale qui fait face au transept gauche. Elle mérite de fixer l'attention par la naïveté barbare et par le type précis des sujets qui la décorent (1).

---

(1) « L'usage des chaires à prêcher, dit M. *Schayes*, ne paraît pas » remonter au delà du XIVe siècle, et n'avoir été introduit que par suite » de la clôture des chœurs par des jubés et des murs latéraux; aupa-

Nous ne signalerons qu'en passant la rampe de son escalier, figurée par une simple baguette en fer, et le chétif abat-voix en bois, de date plus récente, qui la surmonte.

Son entablement supérieur est supporté par deux pilastres et par un pareil nombre de colonnes engagées; celles qui encadrent la face antérieure, occupée par un bas-relief représentant le *Couronnement de la Vierge,* unies à la partie supérieure du fût, sont tourmentées plus bas en balustres superposés, reliés par des tores ou filets. La plate-bande des pilastres est chargée de cannelures en relief, croisées obliquement. Le compartiment de droite renferme un *buste d'évêque ;* à gauche figure celui d'une *sainte,* dont le costume équivaut presque à une date; ces deux bas-reliefs sont surmontés d'écussons. L'épais badigeon, qui les recouvre ainsi que toute la chaire, ne permet pas de reconnaître la trace des armoiries actuellement mutilées.

Cette tribune s'appuie sur un pédicule, orné lui-même de colonnettes engagées, simulant des pattes d'aigle. Le couronnement, ou chapiteau de ce pédicule, est flanqué en encorbellement de deux larges consoles, qui encadrent un dernier écusson, représentant l'*aigle germanique à deux têtes,* emblême de la souveraineté de *Charles-Quint,* comprise entre les années 1519-1556, dates de l'avènement du célèbre monarque à la dignité impériale, et de son abdication suivie, en 1557, de son entrée au couvent hiéronymite de *Yuste,* en Estramadure.

A l'appui de ces traits caractéristiques, nous trouvons, au pied du pédicule, un millésime en chiffres arabes saillants, dont le second a disparu; mais son empreinte est encore visible, et, même

---

» ravant des ambons, ou un siége portatif (*faldistorium, cathedra*)
» placé devant l'autel, remplissait cette destination. Les chaires des
» XIVe et XVe siècles présentaient déjà, comme celles de nos jours, de
» petites tribunes adossées à un pilier, mais sans abat-voix, qui n'y ont
» été ajoutés que longtemps après.»

à défaut de cet indice, la tribune toute entière le suggère avec la dernière évidence : elle date de 1534 (1).

Immédiatement au-dessous figure le nom du sculpteur, gravé en creux : NOE . F. ; les capitales latines de cette inscription concordent avec les nombreuses preuves d'origine que nous venons d'énumérer. Ce nom, fait après coup, serait-il apocryphe? nous présumons que le sculpteur a omis d'abord cette dernière indication, et que, son œuvre étant terminée, il ne lui a plus été loisible de la mettre en harmonie avec la précédente.

La plinthe représente, en bas-relief, le *Christ au tombeau.* Plus haut, au centre du pédicule, le *buste d'un soldat,* renfermé dans un médaillon, complète ce sujet sacré, dont le style est en harmonie avec l'ensemble de la tribune.

A côté de la chaire à prêcher se voit un groupe, d'un grotesque tout aussi marquant en statuaire qu'en couleurs, représentant *le Christ montré au peuple par Pilate,* avec l'inscription : *Ecce Homo* (2), en relief, dont les caractères semblent tenir le milieu entre la majuscule gothique et la romaine.

Le costume pittoresque et fantasque du gouverneur de la Judée est bien celui du XVIe siècle. Le pourpoint, court et fendu à la cuisse, avec son encadrement théâtral de galons, son grand rabat frangé de glands à houppe, ses manches flottantes et percées au coude, qui livrent passage à l'avant-bras et laissent entrevoir les crevés du justaucorps, nous offrent la naïve et fidèle portraiture d'un seigneur du temps, en habit de gala. En place de souliers, on a chaussé militairement *Pilate* de bottes à l'écuyère, et le bourrelet de fourrure de son bonnet pointu, adopté par *David* pour le *Gutemberg,* a été transformé en turban oriental : c'est la seule modification apportée au type quasi-allemand de ce curieux morceau de sculpture, évidemment contemporain de la chaire à prêcher.

(1-2) Voir l'album ; Fig. 9 et 11.

Au pilier voisin de gauche est appendue une petite niche en pierre, assez élégante, du second âge flamboyant, qui renferme *une sainte accompagnée d'un dragon*. Ce doit être *sainte Marthe* domptant la *Tarasque*.

Plus haut, sont adossées au roseau central des faisceaux quinze statues représentant le *Christ*, sa *Mère*, les *Apôtres* et une *sainte femme* (1). L'ornementation du socle de ces effigies rudement ébauchées, qui s'alignent, sous des dais, tout autour de la grande nef, se ressent du goût fantasque et bizarre de l'époque. Ce sont des mascarons, des têtes d'animaux symboliques : le *lion*, le *bœuf* et l'*aigle ;* des figurines à la posture étrangement tourmentée ; enfin une suite d'anges en adoration, avec banderole, ou bien jouant du violon, de la clarinette, ou de la cornemuse.

Ce saint Barthelémy qui déploie, bien qu'intact de corps, la sanglante dépouille, trophée de son martyre ; ces barbes tressées en nattes ; ces têtes volumineuses, au visage grimaçant, adaptées à un corps rapetissé, arrêtent les regards, tout autant que le badigeon, dont les teintes heurtées et discordantes font si bien réssortir l'imaginative rudimentaire de l'artiste, qui a eu le privilége unique de transmettre à la postérité son nom biblique, *NOE*. Seule, entre toutes les statues, la *Mère du Sauveur*, noble et gracieuse, a su fournir au tailleur d'images, par une exception remarquable, un modèle plein de mysticisme et d'onction.

Un simple coup d'œil suffit pour suggérer à l'observateur une date précise. L'analogie, qui existe entre les bas-reliefs de la chaire, l'*Ecce Homo*, et ce personnel sacré, cette analogie est trop manifeste pour qu'il soit possible de s'y méprendre. Le type anguleux des physionomies a été façonné dans le même moule ; c'est bien le même coup de ciseau, la même configuration d'une taille impossible, où l'abdomen n'a pu trouver de place.

---

(1) Celle-ci, comme on l'a vu plus haut, et comme il est répété plus bas, d'après M. *Jeantin*, doit être sainte *Marguerite*, de Hongrie.

La forme caractéristique, bien connue de l'antiquaire, de l'aumônière pendue à la ceinture d'un apôtre, celle des divers attributs, et les mascarons des piliers comparés à celui de l'*Ecce Homo*, viennent encore appuyer les nombreux points de similitude que nous venons d'indiquer.

On assure que ces statues, le tabernacle, la chaire, etc., offraient déjà précédemment des traces de coloration, moins dures, cependant, que les teintes dont le public le moins éclairé se plaint actuellement à l'unisson (1).

La statue supplémentaire, que nous venons de mentionner en dernier lieu, représente, dit-on, *sainte Marguerite*. Ici, par une exception rare, l'artiste a imprimé à son œuvre un cachet historique, dont la signification équivaut à une date.

Sous les pieds de la statue figure un écusson, dont le coloris moderne constitue un sacrilége héraldique, que la bonne foi du badigeonneur, peu expert en pareille matière, peut fort bien excuser. Or, voici ce que nous répond à ce sujet une autorité compétente :

« Ce sont les armes de la *maison d'Orléans-Valois*, qui » portait *de France;* c'est-à-dire, *d'azur, aux trois fleurs de lis* » *d'or* (2), avec *un lambel d'argent en chef,* brisure dont

---

(1) « Anciennement, en Belgique, comme en France, en Allemagne et ailleurs, on laissait au revêtement en pierre des nefs sa couleur naturelle, ou on le couvrait de peintures à fresque et en détrempe. Cette décoration polychrome avait lieu, surtout au XIVe siècle, dans les chapelles bordant les collatéraux. »

(*Schayes*, Histoire de l'Architecture.)

(2) L'origine de ce signe héraldique a été savamment traitée par notre bien regretté collègue et ami, feu M. *Ortille*, membre de la société dunkerquoise, dont les profondes recherches et les travaux commencés promettaient au département du Nord un historien éminent.

(*Un coup d'œil sur la vallée de la Lys. Mémoires de la Société dunkerquoise, 1855.*)

» les puînés chargeaient les armes pleines de leur maison. »

« Ne serait-ce pas la fille de Louis XI, *sainte Jeanne de* » *France* ou *de Valois*, qui fonda à Bourges, en 1500, l'ordre » des Annonciades, dont les monastères s'établirent rapidement, » tant en Belgique qu'en France, et notamment à Ligny, près » Bar-le-Duc, annexe du Luxembourg ? »

« Cette princesse vertueuse, mise au rang des bienheureux » peu de temps après sa mort, qui date de 1505, avait épousé, » en 1476, *Louis d'Orléans* (depuis Louis XII), fils de *Bonne* » *de Luxembourg*, duchesse d'Orléans. » (Lettre de M. le Président Jeantin à l'auteur. (1))

Nous nous associons de grand cœur à l'hypothèse émise par notre docte correspondant, d'autant plus volontiers que cette interprétation judicieuse concorde avec le style des statues et la date d'exécution fournie par la chaire à prêcher.

VII.

TRANSEPTS.

Les deux transepts, aussi élevés, sous clef, que la nef centrale, et ne dépassant pas les bas-côtés, sont pauvres en détails, et ils n'offrent à l'œil que des parois rectangulaires, dont la nudité n'est interrompue que par la splendide verrière déjà signalée.

L'idée de surmonter d'un *dôme* le point d'intersection de la croisée se manifeste dans les arcs disposés en carré, et reliés par un principe de couverture circulaire en moellons, qui correspondent, au-dessus de la voûte actuelle, aux quatre faisceaux et arcs-doubleaux dont la partie centrale de l'édifice est circonscrite.

---

(1) La Chronologie et l'histoire ont décidé M. Jeantin à repousser cette première hypothèse et à adopter celle de *Marguerite de Hongrie*.

A quelle époque cette superfétation architecturale a-t-elle eu un commencement d'exécution ? Le caractère des arcades et leur forme ogivale surbaissée donnent lieu de conjecturer, à bon droit, que cet essai informe, condamné fort heureusement à rester inaperçu sous les combles, doit concorder avec l'érection de la *chapelle neuve*, et avoir pris naissance au moment où le *dôme byzantin* reparaissait avec le style de la *renaissance*.

Les causes qui ont fait cesser les travaux sont plus difficiles à déterminer. Le tracé défectueux de cette bâtisse, dont les arcs sont façonnés avec une rare maladresse, a pu couper court à la réalisation d'un embellissement désavoué par le style ogival. La question d'argent est venue, sans doute, entraver, ici comme ailleurs, la marche des travaux. Peut-être aussi l'appréhension bien fondée de dénaturer le style de l'édifice, par une addition bâtarde a-t-elle pesé en temps opportun dans la balance.

Des arabesques, dans le goût de celles de la chapelle neuve, devaient, vraisemblablement, se modeler en plâtre autour de ces quatre arceaux simples et sans archivolte, dont les matériaux, mal ajustés et d'un très-mauvais choix, ne se prêtaient pas à une sculpture en relief exécutée dans le massif de la pierre.

Un ajoutement de l'espèce, réalisé dans la première moitié du XVIe siècle, se voit à l'église *Notre-Dame d'Anvers*, bâtie, comme celle d'*Avioth*, dans le XIVe siècle ; et ce fait, signalé par l'auteur de l'*Histoire de l'Architecture en Belgique*, vient à l'appui de l'opinion que nous venons d'émettre (1).

---

(1) Ce dôme inachevé est mentionné par le curé d'Avioth, M. *Delhotel* (manuscrit de 1668). « *C'est aussi le commun dire ceste église d'Avioth* » *elle ne sera jamais parfaite, ses imperfections se recoignoissant à ce* » *qu'il est notoire qu'il y debvoit encore avoir une tour tout au milieux* » *de la dite église. De plus un Doxal ou Chantuaire* (du mot allemand » *Duxal*), *à l'entrée du chœur; l'on y voit le dispositif non achevé, tous* » *ses manques délessés faute de quoi pour ce faire.* »

VIII.

CHAPELLE NEUVE.

Le transept droit donne accès dans la *chapelle neuve*, qui rompt la régularité du plan, auquel elle est venue s'adjoindre comme une excroissance précieuse à analyser.

L'arc ogival de son entrée est à trois plates-bandes, une centrale et deux en retrait, qui retombent, de part et d'autre, sur un pareil nombre de pilastres disposés de la même manière. Le chapiteau de ces pilastres peut être assimilé à l'ordre *dorique*, par les fleurons qui ornent l'échine, et par les cannelures du listel ou réglet. La rosace centrale du gorgerin est remplacée ici par un mascaron. Les faces des fûts et des plates-bandes de l'arc sont couvertes de rinceaux, d'arabesques, d'animaux chimériques et de figurines de la forme la plus variée.

Au sommet de cette ornementation capricieuse figure, en double édition, un personnage, avec les attributs d'Hercule, qui desserre les dents à un lion assis à ses pieds, et qui porte un enfant sur ses bras. Cette scène mythologique cadre avec les sujets, de même origine, que l'on voit à l'extérieur de la chapelle.

Les murs sont garnis, en guise de boiseries, d'arcades simulées, élégamment découpées en ogives trilobées.

Tout autour de la fenêtre du fond s'enroule, de même qu'à l'extérieur, un cep de vigne, qui fouille aussi l'entablement de la baie de droite.

Pour achever l'esquisse des contours de cette chapelle remarquable, dont la forme est carrée, nous ajouterons que les nervures concaves, à cinq arêtes, de sa voûte surbaissée s'entrecoupent, de manière à présenter cinq points d'intersection disposés en forme de croix, et ornés de culs-de-lampes ou pendentifs, et que ces nervures se réunissent en faisceau, à la naissance de la voûte, pour retomber aux quatre angles de l'enceinte jusqu'au sol.

La date 1539 (1), sculptée en relief, à droite et à un mètre environ du sol, sur le rebord intérieur du pied droit de l'arcade, est en harmonie parfaite avec le style de transition que nous venons d'analyser ; et elle constate l'érection presque simultanée de cet ajoutement et de la chaire à prêcher.

L'autel, placé contre la paroi orientale, est moderne et de l'effet le plus vulgaire, du moins quant à son revêtement, qui récèle une *table antique*, bâtie en pierres de taille, massive et sans aucun relief, exactement semblable à trois de celles situées dans l'abside. Cet autel du XVIe siècle mesure 2 mètres 15 centimètres en longueur, et 1 mètre en profondeur. *Sainte-Catherine* y a usurpé la place primitivement assignée au *disciple bien aimé du Sauveur*, dont la statue a été reléguée par la suite dans l'abside. La crédence semi-circulaire, composée de trois arcades ogivales géminées, qui se voit dans l'épaisseur du mur, à droite de cet autel, est une preuve de l'ineptie qui n'a que trop souvent présidé au remaniement de certains meubles d'église, pour leur donner une nouvelle destination. On a cru, sans doute, faire preuve de bon goût, à la vergogne des artistes malavisés du XVIe siècle, en posant au sommet du pinacle de la crédence une croix en bois grossièrement équarrie. Les arcades, découpées en nervures prismatiques gracieusement entrelacées, se trouvant trop étroites, ont dû faire place à une vulgaire porte en bois ; le tout a été ensuite rajeuni, à l'aide d'un coloris aux tons les plus chauds, parmi lesquels prédomine le vert-pomme et le rouge

---

(1) Voir l'*Album*. Fig. 10. Cette date n'a pas échappé au chroniqueur de l'église d'Avioth :

« *Il est certain que la chapelle St Jean l'Evangéliste a esté bastie longues années après la dite église, en l'an 1539. J'en tient pour asseuré que la dite église et la dite chapelle St Jean l'Evangéliste sont esté bastie par les ausmosnes et charités des bonnes gens, à la considération de ceste Ste Image et miracles journaliers qui ce fesoient en ce dit lieu.* »

écarlate ; et c'est ainsi que cet élégant morceau de sculpture, digne du lieu qu'il occupait, s'est trouvé suffisamment métamorphosé pour servir de *fonts baptismaux*, grâce au petit bassin qui s'y trouve renfermé, en qualité d'accessoire, pour la célébration du saint sacrifice.

Au moment de la translation des *fonts baptismaux* dans cette chapelle, on leur avait assigné pour emplacement la gauche de l'autel. Ils se composaient alors, dit-on, d'une cuvette en marbre supportée par un pédicule en pierre. On ignore la place qu'ils occupaient précédemment (1).

Les deux statues en bois, *saint Hubert* et *saint Brice*, adossées au mur contre lequel s'appuie l'autel de la *chapelle neuve*, sont modernes ; mais la sculpture de leurs socles en pierre est due au même ciseau qui a fouillé la crédence.

IX.

CHOEUR.

L'avant-chœur et le sanctuaire, délimités chacun par une rangée de gradins qui les exhaussent au-dessus du sol de la nef, et placés au même niveau que l'abside, sont séparés de celle-ci par une série d'arcades ogivales, au nombre de sept, qui s'ap-

---

(1) « Depuis le XIIIe siècle, dit M. *Schayes*, on trouvait ordinaire-
» ment à droite, et souvent aussi à gauche de l'autel, une niche ou deux
» arcades géminées, pratiquées dans l'épaisseur du mur, et appelées
» *crédences*. La niche de droite était divisée dans sa hauteur par une
» tablette horizontale, sur laquelle on posait l'aiguière et les burettes ; et
» le bas était creusé en cuvette, ou piscine, percée d'un trou pour l'écou-
» lement de l'eau qui avait servi pendant l'office. La crédence de gauche
» tenait lieu d'armoire et renfermait les ornements, les livres, les chan-
» deliers et les vases de l'autel ; car, avant le XVIIe siècle, les églises
» étaient généralement sans sacristies. »

puient sur quatre piliers-colonnes et sur un pareil nombre de faisceaux, dont l'entre-colonnement, mi-partie plein et à jour, est un vrai chef-d'œuvre d'art et de patience, aussi bien que les accessoires adaptés à cette clôture.

X.

MAÎTRE-AUTEL.

L'ouverture centrale s'efface derrière le maître-autel, sculpté en bois et tout doré.

Le cachet de cet autel, décrit dans notre introduction, lui assigne pour date la fin du XVIe, ou le commencement du XVIIe siècle, époque à laquelle le style de la Renaissance, resté correct jusqu'alors, perdit de la pureté de ses formes et s'abâtardit, pour s'épurer ensuite, et se corrompre de nouveau, au commencement du XVIIIe siècle, en subissant le sobriquet de style *rocaille* ou *Pompadour* (1).

XI.

TABERNACLE.

Au centre de l'arcade droite qui suit s'élève, jusqu'au sommet de l'ogive, la flèche d'un tabernacle pyramidal en pierre, qui a subi l'outrage d'un badigeon du plus mauvais goût, et qui mérite, à juste titre, de figurer en première ligne parmi les

---

(1) « *Les tableaux desquels est embelit et orné le grand auttel sont,* » *scavoir : l'image de l'assomption N. Dame et celluy de la très S^te^ et* » *très adorable Trinité, par la vision desquels ce trouve d'estre la dévotion* » *des peuples d'avantage excité.* » (Manuscrit de 1668.)

L'*Assomption de la Vierge* figure, actuellement encore, comme sujet principal sculpté dans le tympan au-dessus du tabernacle.

œuvres d'art, auxiliaires du culte, respectées par le marteau des iconoclastes et par la manie funeste des innovations.

Cet élégant clocheton, entièrement évidé, a six ou sept mètres environ de hauteur, et s'appuie sur un pilier cylindrique, qui déborde, de part et d'autre, la maçonnerie de l'entre-colonnement. Un ange, muni d'une *banderole* dépourvue de légende, figure, en bas-relief, sur chaque côté libre de ce chapiteau historié.

L'armoire est de forme hexagone, et chacune de ses faces est occupée par une baie flamboyante, surmontée d'une arcature ogivale, et couverte d'un gable infléchi, qui se prolonge en longue et mince aiguille.

Au bas de l'ouverture centrale se voit une petite porte en fer, avec une *inscription en minuscules gothiques* découpées à jour, inscription qui, par le type abâtardi de ses lettres et par ses signes abréviatifs, devient presqu'indéchiffrable (1).

Cette armoire, dont les angles sont façonnés en opulents pinacles, et qui se complète par une rangée de festons fleuronnés, forme la base d'un nouvel étage en retrait, moins élevé que le premier, mais dessiné de la même manière. Les six colonnettes de cette seconde enceinte sont entièrement dégagées, et s'y rattachent par des arcs, en guise de piliers-buttants.

Sur le chapiteau inférieur, sur les gables, au sommet des pinacles, le long des nervures et à leur jonction suprême, figurent à profusion les feuilles de chou, soit largement étalées, soit ramassées en touffe épaisse et arrondie.

Ce bijou artistique est évidemment contemporain de la *chapelle neuve;* le type des éléments et les détails d'ornementation sont les mêmes de part et d'autre. Cette analogie devient surtout frappante quand on examine certaines parties de la crédence de

---

(1) Voir la planche qui accompagne le volume (Fig. 8) et la note II à la suite de l'Appendice.

cette chapelle, notamment la sculpture végétale des saillies, en encorbellement, que le tabernacle reproduit avec la plus scrupuleuse fidélité (1).

XII.

NOTRE-DAME D'AVIOTH, OU LA STATUE MIRACULEUSE.

« *Oyé, je vous prie, ce grand mignon*
» *de la Vierge, Monsieur S*[t] *Bernard :*
» *— Ego fons perennis curationum, re-*
» *medium adversus demones, civitas*
» *refugii omnibus ad me confugen-*
» *tibus.* » (Manuscrit de 1668.)

« *In montis diverticulo*
» *Odor Mariæ spargitur.* » Hymne.

En face du tabernacle est adossé, contre la clôture du chœur, un pilastre polygone, haut de deux mètres environ. Sous son chapiteau, orné de feuilles de choux artistement fouillées, cet élégant pédicule présente une arcature circulaire, en forme de crédence, qui reçoit actuellement les offrandes des pèlerins.

Sur ce piédestal trône la *sainte effigie*, qui paraît avoir donné naissance au noble sanctuaire d'*Avioth*, si ce n'est même à l'établissement du bourg de ce nom. Ce pédicule désigne en-

---

(1) « L'usage de placer des *tabernacles* sur les autels, dit le savant » archéologue auquel nous avons fait de fréquents emprunts, paraît dater » d'une époque fort récente. Avant le XVe siècle, et depuis la suppres- » sion du *ciborium*, les hosties consacrées étaient, avec les calices, les » remontrances, et les custodes, — petites boîtes rondes avec couvercle » pyramidal et généralement émaillées, — qui les contenaient, conser- » vées dans les crédences de gauche, ou à leur défaut dans une armoire. » On continuait, cependant aussi, à les suspendre au-dessus ou à côté de » l'autel, dans des *pyxides*, et, lorsque l'église était abbatiale, au haut » d'une crosse en bois doré. Ce ne fut qu'au XVe siècle que l'on com- » mença à élever de magnifiques tabernacles, en forme de tours pyrami- » dales, découpés à jour, en marbre, en pierre, et en bois, isolés ou » adossés en encorbellement à une colonne ou à un mur. »

core, d'après la tradition, le point précis de la découverte de la statue, et l'endroit où elle a reçu, depuis nombre de siècles, les hommages incessants du peuple et des grands.

C'est là, surtout, que les femmes en deuil s'empressaient d'apporter les enfants *mort-nés* (1) aux pieds de la *Mère* par excellence, lui demandant secours par une prière irrésistible. Ces faits sont consignés dans les archives de la paroisse. Une rougeur passagère au visage de la petite créature répudiée par l'Eglise, un brusque tressaillement de ses membres glacés, qui se couvraient d'une sueur chaude, quelques gouttes de sang ou d'eau rejetées par la bouche, le nez, ou les oreilles, ces indices d'un assoupissement léthargique, miraculeusement manifesté, indiquaient à l'œil vigilant de la pauvre mère que ses vœux étaient exaucés ; elle se hâtait alors de faire disparaître la souillure d'origine, pour ouvrir à cette âme régénérée les portes du ciel (2).

---

(1) Une semblable croyance régnait dans les Vosges, où, sur l'autel en ruines de l'ancien *Prieuré du Lac*, dit la *Mer*, à trois lieues de *Senonnes*, on exposait les enfants mort-nés, dans l'espoir qu'ils recevraient, par le ministère des anges, le baptême, que la nature ne leur avait pas permis de recevoir de la main des prêtres. (Note de M. *Jeantin*.)

Une image de la Vierge, objet d'un culte semblable, est vénérée à Vénasque, en Provence, sous le nom caractéristique de *Notre-Dame-de-la-Vie*. On cite encore *Notre-Dame de Pontoise*, près de Paris.

(*Calendrier majeur*, par M. l'abbé *Darras*.)

(2) La légende de *saint Goar*, vulgairement *saint Geuwer*, anachorète du VIIe siècle dans le diocèse de Trèves, nous fait connaître qu'alors on exposait, aux portes des chapelles, les enfants trouvés ou abandonnés : ils étaient recueillis dans une cuvette de marbre, et restaient exposés pendant trois jours ; et lorsqu'un acquéreur se présentait, pour les recueillir, les *matriculaires* concluaient le marché, qui était ensuite soumis à la ratification de l'évêque.

(Note de M. *Jeantin*.)

Plusieurs villes : *Montmédy, Stenay, Carignan, Dun, Marville, Longuyon, Virton, Bastogne,* des châteaux, et soixante-sept villages environ, ont fourni (d'après des actes incomplets, compris entre les années 1637-1786), leur contingent à cette longue série de baptêmes exceptionnels, administrés par des sages-femmes et par l'hermite de *Saint-Brice* (1), sous la sanction du clergé.

La légende que M. *Delhotel* a empruntée aux récits populaires sur l'origine miraculeuse de la vénérable effigie de Notre-Dame, n'est pas de celles que l'on accepte, de nos jours, sans conteste ni objections. Beaucoup d'entre nos lecteurs aimeraient à sonder, d'un œil indiscret, cette auréole dont le reflet mystique lui a été communiqué au moyen âge, et qui leur paraîtra empreinte d'une pieuse exagération. Loin de condamner nos pères, envions-leur, en toute sincérité, cette foi d'abandon, bien préférable à la critique vétilleuse de nos érudits modernes, et qui se justifie comme contre-poids aux tristes réalités d'un âge d'oppression et de barbarie ! Ne flétrissons pas du nom de superstition, n'appelons pas crédulité, la tendance des générations d'autrefois à admettre l'intervention divine dans les plus petites choses : l'essence du christianisme est là, et notre siècle met trop en oubli ce grand, ce salutaire principe !

« Il ne faut pas, dit M. *Ozanam,* considérer les légendes » comme des fictions plus ou moins ingénieuses, comme la » mythologie du christianisme, suivant l'idée trop légèrement » acceptée de quelques écrivains, mais comme l'expression in» time des sentiments, des affections et des croyances. Elles » étaient gravées dans le cœur des multitudes, avant d'être en» taillées sur les murs des temples, avant de se traduire en » symboles vivants sous le ciseau des sculpteurs. Leur souvenir

(1) Cette circonstance sera relevée et expliquée plus loin par M. *Jeantin.*

» est encore plein d'attraits; leur poésie nous est chère comme » les chants de notre enfance. »

» La *légende* est une narration qui fait intervenir, dans les » choses humaines, une puissance surnaturelle. Pour nous, qui » présumons assez de la bonté de Dieu et de la dignité de » l'homme, pour ne point croire impossibles des communications » entre le monde visible et le monde invisible; pour nous, qui » avons confiance dans le droit sens du peuple chrétien, et qui » portons respect à ses convictions, la légende n'est point une » vaine fable. Nous savons que l'Eglise n'exige point notre » assentiment à des récits miraculeux, qui ne sont pas consignés » dans les divines Ecritures, et dont plusieurs, peut-être, ne » soutiendraient pas l'épreuve d'une rigoureuse critique. Mais » s'ils ne subjuguent pas notre esprit, ils le charment et le cap- » tivent. Nous les admettons, comme vrais, jusqu'à preuve du » contraire; et si leur vérité historique et positive vient à s'éva- » nouir, nous y trouvons toujours une vérité morale, qui donne » une valeur réelle au symbole dont elle s'était revêtue. »

Par son côté historique et par ses conséquences palpables, la *légende d'Avioth*, point initial de nos chroniques, rentre dans le domaine des recherches et des appréciations de l'archéologue. Nous l'interprèterons de manière à ne pas attrister le pèlerin qui n'a pas répudié les gracieuses et consolantes croyances du passé.

« Quand la poussière qui s'élevait, au Ve siècle, sous les pieds » de tant d'armées, qui sortait de l'écroulement de tant de mo- » numents, fut tombée; quand les tourbillons de fumée, qui » s'échappaient de tant de villes et villages en flammes, furent » dissipés; quand la mort eut fait taire les gémissements de tant » de victimes; quand le bruit de la chute du colosse romain eut » cessé, alors on aperçut une croix, au pied de cette croix un » monde nouveau. » (*Châteaubriand.*)

Rien n'était changé aux bords de la *Thonne*, plusieurs siècles après ce grand cataclysme, quand un pieux anachorète vint y planter sa tente, sur un terrain couvert de mâsures calcinées par la torche du *Fléau de Dieu* : « *esquels lieus ce peult voir encor des vestiges et marcques ou apparences d'y auoir eu des maisons, à présent le tout rédhuit en labourage.* »

Le chaume d'un oratoire rustique, qui devint *l'église matrice d'Avioth,* abrita le symbole matériel de la dévotion du premier hermite de *Saint-Brice.*

C'est là qu'il faudrait chercher, d'après les conjectures du peuple, *le point de départ de la Vierge d'Avioth* (1) et le lieu de son premier culte. Cette tradition orale complète la légende écrite, qui part de l'époque fort incertaine, antérieure à 1223, où la statue, après un déplacement identique à celui de la *Santa Casa* de Lorette, se manifeste sur « *la montagnette espineuse* » du futur Avioth, dans la cavité du tronc d'une aubépine, dont les corymbes odoriférants s'épanouissaient, chaque printemps, en diadème virginal, au front de la naïve portraiture de Notre-Dame (2).

Le chroniqueur ne s'explique pas sur les causes de cet en-

---

(1) Si c'est là le point de départ, il faut nécessairement le rattacher aux origines de la *mère-église* des Thones, montrer la concordance des dévotions primitives du premier noyau de la *chrétienté de Saint-Brice* avec les tranformations de l'idée religieuse, qui paraît avoir pris son germe dans le culte des *saints Innocents,* avant de se formuler plus nettement dans celui de la *Mère de Dieu.* Ce sera là l'objet d'une note de M. Jeantin. — Voir *infrà.*

(2) C'est ainsi qu'ont pris naissance les pèlerinages de *Notre-Dame de l'Epine,* près Châlons-sur-Marne, des *Epines-fleuries* (Jura), etc., etc. — Dans les légendes septentrionales l'aubépine, cette première station des douces Madones, nous apparaît comme une figure du buisson de Moïse, de la verge d'Aaron et de la tige de Jessé. Suivant la pieuse croyance de nos pères, des arbustes de cette espèce s'associaient, dans la nuit de Noël, à l'allégresse de la chrétienté, en revêtant leur parure printanière, emblème de la candeur de Marie.

(Voy. Collin de Plancy et l'abbé Darras ; *Légendes de Notre-Dame.*)

lèvement, commandé, peut-être, par l'imminence d'une de ces dévastations, si fréquentes au moyen âge, qui menaçait Saint-Brice et son oratoire.

Une tradition, appuyée sur certaines pratiques religieuses, observées jadis par le clergé et les fidèles, d'après le témoignage de M. *Delhotel*, atteste la *translation de la bourgeoisie de Saint-Brice et de son titre paroissial à Avioth* (1). Docile à la voix de Dieu, le peuple de Saint-Brice, dépossédé de la statue, son antique *palladium*, s'est hâté d'abandonner ses foyers, tout porte à le croire, pour venir se fixer auprès de ce signe de ralliement, à peu de distance du village primitif (2).

Nous avons donné à cette glose la préférence sur les autres

---

(1) On connaît encore les limites de l'ancien *ban* dit de *Saint-Brice ;* il dépendait de *Verneuil-le-Petit*, et il séparait le territoire de *Breux* de celui de *Thonne-la-Lon ;* il était traversé par la *Thonne* descendant d'un bouquet de bois, qui couronne la hauteur, à *Somme-pi-Thonnæ*, au point de partage des deux versants, et qui flue entre les collines du *Verniacensis* et celles du *Gerbercensis*, entre les champs du village détruit de *Landin* et le *col de Breux*. Ce ban appartenait à l'abbaye de *saint Symphorien* de Metz, construite, primitivement, sous le vocable des *saints Innocents*. Ce fut l'abbé *Failbert* (charte de 1260), de la *Maison de Failly*, qui en fit la concession. (Note de M. *Jeantin*.)

(2) La chapelle matrice de *Saint-Brice*, restée, depuis la destruction du village de ce nom, sous la garde d'un hermite, a subi, vers la fin du siècle dernier, le sort de tant d'autres souvenirs historiques et religieux du moyen âge. Naguère la charrue, en passant sur ses substructions, a mis au jour quelques pierres tumulaires, sur lesquelles le sillon n'a pas tardé à se refermer (*a*).

Comme buts distincts de pèlerinage, le sanctuaire paroissial et cet oratoire se complétaient, l'un par l'autre, d'une manière intime et touchante. Ici, la femme chrétienne est venue s'humilier devant Dieu dans l'opprobre de sa stérilité ; à Avioth, elle déposera, aux pieds de la Mère du Rédempteur, le corps inanimé de son enfant, qui n'a pu recevoir la

(*a*) Lettre de M. le curé *Jacquemain*.

commentaires que l'imagination essaie d'adapter, avec plus ou moins d'à-propos, à la légende d'Avioth, parce qu'elle est l'expression fidèle de l'opinion du peuple sur le fait que nous venons de discuter (1).

---

grâce du baptême (*a*) ! — Et c'est cette poésie pratique des cœurs souffrants, c'est ce baume céleste, approprié à chaque plaie de la pauvre humanité, que le souffle sacrilége de 93 a balayés, impitoyablement, comme des inepties, des pratiques supertitieuses et rapetissantes !!!

(1) Voici l'opinion de M. *Jeantin* sur l'origine des croyances pieuses, dont *Avioth* offre les derniers vestiges, dans notre contrée.

Le droit de *patronage*, celui de *juridiction* (sur l'*église d'Avioth*) et celui de *collation* de la cure, appartenaient nuement aux *seigneurs de Breux*, parce que cette église avait été bâtie sur leur fond. Ce droit leur avait été contesté par l'abbé et les religieux de *Saint-Symphorien* de Metz, patrons et collateurs de la *chapelle de Saint-Brice*, et seigneurs de *Petit-Verneuil*, sur le finage duquel l'*église-mère des Thonnes* avait été érigée; aussi, dans les premiers temps, la cure de l'une et la desserte de l'autre se conféraient par voie d'*alternative*.

Le patronage des *quatre principales chapelles* et leur collation appartenaient : — Au *seigneur de Breux*, pour celle dite du *Saint-Esprit ;* — Aux *seigneurs d'Ivoy* et de *Virton* et *ad alios multos cofundatores*, pour celle dite de *Sainte-Marie-Magdelaine ;* — A l'*abbé de Saint-Symphorien* de Metz, pour celle de *Saint-Nicolas ;* — Et à la famille *Baillet* et autres pour celle de *Sainte-Agnès*.

Les autels de *saint Pierre et saint Paul*, de *saint André*, de *sainte Croix*, de *saint Jacques*, de *saint Eloy*, de *saint Jean l'évangéliste*, étaient des fondations particulières, qui n'ont rien de relevant, quant à l'idée primitive de l'érection du monument.

Les *dixmes grosses et menues* des bans d'*Avioth* et de *Saint-Brice* appartenaient : — 1° Pour un *premier tiers* au curé d'*Avioth*, comme inféodataire des *seigneurs de Breux ;* — 2° Pour un *second tiers* à l'*abbé de Saint-Symphorien*, comme donateur du *ban de Saint-Brice* et co-seigneur de *Petit-Verneuil ;* — 3° Enfin, pour le *dernier tiers* à l'*abbé*

(*a*) Manuscrit de 1668.

La Vierge d'Avioth, qui revendique l'insigne privilége d'avoir été l'objet de la sollicitude des esprits célestes, et transportée dans leurs bras à sa destination définitive, cette informe et vermoulue *Notre-Dame de l'espine*, est figurée, d'après les propres

---

d'Orval, comme donataire des *sires de Pouilly* et autres, moins un *douzième* affecté à la chapelle de *sainte Agnès*.

De ces faits il résulte que l'*idée-mère*, qui a présidé à l'*érection de la chapelle de Saint-Brice*, était la dévotion aux *saints Innocents*.

Les *saints Innocents* étaient les premiers patrons du monastère de *Saint-Symphorien de Metz*, église bâtie dans un clos, hors de la ville, derrière la citadelle, par l'évêque saint *Pappole*, en l'an 607. Ce fut sous ce prélat, prédécesseur de saint *Arnould*, que les disciples de saint *Colomban*, et notamment saint *Goar* et saint *Gall*, pénétrèrent dans nos déserts et semèrent des couvents dans tout le *Vosagum* et dans le Trévirois. Ils y apportèrent les trésors de la charité chrétienne, et notamment, ils fondèrent les usages pour le recueillement, le baptême et l'education des *enfants trouvés*. La vie de saint *Goar* et celle de saint *Brice* ont des traits identiques à ce sujet.

Saint Pappole avait une dévotion tendre pour les *saints Innocents:* il fonda donc, à Metz, un monastère, sous l'invocation des tendres victimes que le sanguinaire *Hérode* avait fait massacrer. Cet établissement fut contemporain des abbayes de *Saint-Pierre et de Sainte-Glossinde;* saint *Pappole* et ses successeurs le dotèrent largement, et le *ban de Saint-Brice* faisait partie de cette dotation. Ruiné plusieurs fois, le monastère de *Saint-Pappole* fut rétabli, en 952, par *Adalbéron II*, fils de *Frédéric Ier*, premier comte héréditaire de Bar, et, alors, l'abbaye des *Saints-Innocents* perdit sa dénomination primitive, pour prendre celle de *Saint-Symphorien*, martyr d'*Autun*. Mais la dévotion primitive resta; et les enfants *morts sans baptême*, comme ceux *trouvés* ou *abandonnés*, ne cessèrent d'être l'objet des prières de l'Eglise et des soins du clergé. Cette dévotion, personnalisée sous le patronage et de saint *Brice* et de saint *Nicolas*, se transforma successivement; elle finit par se fondre dans le culte le plus sympathique aux douleurs des mères, le *patronage de la Mère de Dieu*.

La symbolique de notre basilique confirme les inductions tirées de l'histoire et de l'hagiographie.

termes de M. *Delhotel* : « *séante dans un siége,* » et son costume se compose d'une *stola,* dépourvue de ces petits détails caractéristiques qui servent à préciser une époque. Le sommet de la tête est tronqué, et une chevelure flottante retombe sur les épaules de la sainte effigie, qui mesure quatre-vingt-huit centimètres. Sa couleur *brune,* évidemment artificielle, que mentionne le manuscrit de 1668, donne lieu de présumer que le bois était autrefois couvert, dans toutes ses parties, d'une dorure, dont il ne reste plus aucun vestige.

Un examen attentif a fait reconnaître, en effet, sur plusieurs sculptures de même espèce, quelques traces d'or au fond des draperies. Le goût byzantin de cette dorure massive date, vraisemblablement, du temps des croisades. Parmi les chevaliers qui, à l'instar de saint Louis, fondèrent des chapelles pour y déposer des objets de dévotion rapportés de la Terre-Sainte, on cite *Egenolphe de Ribeaupierre,* dont le pieux trophée consistait en une statue de la Vierge, trouvée à Constantinople en 1204, et que l'on vénère actuellement dans l'église de *Ribeauvillé* (Haut-Rhin) (1). Ces faits peuvent être invoqués à l'encontre de l'opinion des commentateurs, qui ont essayé de résoudre la *question du teint* par le texte figuratif du cantique de Salomon : *Nigra sum, sed formosa...;* et il est à croire, dès lors, que la reproduction scrupuleuse de certaines effigies en renom, ainsi détériorées par le temps, a pu donner naissance à de véritables *vierges noires.*

Il y a, cependant, des traditions locales qui se prononcent dans un autre sens. Ainsi la *Vierge d'Avioth,* dont la légende ne justifie pas le teint, pourrait bien n'être qu'une copie de celle de *Walcourt* (prov. de *Namur*), qui attire annuellement plus de 20,000 pèlerins, et qui est *noire,* parce qu'elle se serait

(1) *Notre-Dame de Liesse, Notre-Dame des Anges* et une foule d'autres images de la Vierge ont la même origine.

conservée, miraculeusement, au milieu des flammes d'un incendie, lors de l'invasion des Normands.

Dans son état actuel, la *statue d'Avioth* ne laisse entrevoir aucun de ces traits de vétusté qui proclament une si longue suite de générations chrétiennes. Son visage, badigeonné d'après nature, et des vêtements en étoffe, déjà en usage du temps de M. *Delhotel,* lui donnent, en effet, l'apparence raide et fort peu artistique des nombreuses madones, dont l'habillement a, d'ordinaire, pour but de dissimuler un pivot surmonté d'une tête. Mais ces ornements d'emprunt lui sont indispensables, car le bras droit a été renouvelé, et une tige de fer, substituée à l'autre bras, supporte un *enfant Jésus* de date plus récente.

Comment, en 1594, cet objet d'un culte huit ou dix fois séculaire a-t-il échappé au marteau iconoclaste des huguenots? comment, en 1636, a-t-il été sauvegardé contre les profanations des hordes barbares venues, simultanément, des rives de l'Adriatique, des bords de la Vistule, et de ceux du Danube? comment a-t-on pu le soustraire aux bûchers de 1793? Nous ne saurions le dire! mais ce fait rend un témoignage éclatant à la foi de nos pères.

Deux anges en pierre, munis de flambeaux, sont agenouillés, sur des socles, aux côtés de la *Vierge.* Le style barbare de ces acolytes, leur tunique cléricale, bordée d'un étroit galon, fendue sur les cuisses et à manches pendantes, enfin la coupe des cheveux à la façon des varlets ou pages, permettent d'assigner à ces sculptures la date qui figure au pied de la chaire à prêcher.

Ce groupe est dominé par une dernière statuette, dont le cachet nous paraît plus moderne : c'est, dit-on, *sainte Barbe,* accompagnée d'une tour, son attribut ordinaire.

Dans son manuscrit, dont les divisions désignent, à n'en pas douter, une suite de panégyriques prononcés à la louange du sanctuaire d'Avioth, M. *Delhotel* raconte ainsi les faits résumés dans ce chapitre :

« *Convient que premièrement nous parlions de l'Eglise de*

» *St-Brice, distante d'une demi-heure environ du lieu d'Avioth, » proche du village de Thone-la-long, église primitif et ma- » trice du dit Avioth, présentement rédhuite en un hermitage.* »

« *Et du passé, auparavant l'invention de l'image miracu- » culeuse, ceste église estoit dediée pour les habitants qui habi- » toient et résidoient aus environs du dit St Brice, esquels lieux » ce peut voir encore des vestiges et marcques ou apparence d'y » avoir eu des maisons, à présent le tout rédhuit en labourage. » Seulement, pour le jourd'huy, y réside un hermitte présenté » et installé de l'octhorité d'un curé d'Avioth, comme curé du » dit St Brice et d'Avioth.* »

« *En memoyre de ce ce trouve encore pour le jourd'huy » grande quantité de terres aus environs de la dit église de » St Brice, contenant un circuit assez spatieux et extendu de- » seur et au costé de la dit Eglise de St Brice, vers le lieu dit » la Sérisette, lieu dit le fond de la Vaux, la Volette sur le » chemin de Thone-la-long et de Sompthone et ban du dit lieu, » comme ce peut bien voir, et, pour marcque et note de mé- » moyre perpétuel nous appellons ce circuit le ban de St Brice, » et les dismes duquel circuit et ban que dit est du passé dé- » pendoit de la dit Eglise de St Brice, lors église parochialle » qu'elle estoit, mais aujourd'huy les dits dismes sont annexé » aux dismes du dit Avioth, où est présentement la cure et pa- » roisse, demeurant présentement la dit Eglise de St Brice en » qualité de matrice d'Avioth, et honorée pour telle et recoigneu » par les habitants du dit Avioth comme paroissiens d'icelle.* »

« ... *Oultre qu'en mémoyre que la dit Eglise de St Brice » at esté l'église parochialle, et que aujourd'huy elle est encore » honorée du titre de matrice, l'on y vat chacun an le jour de » St Brice dire la grand-messe. Oultre que le troisième jour » des rogations, chacun an, l'on y vat à procession dire la » grand-messe, et chacun dimanche de quaresme, après diner, » un marglier du dit Avioth avec les escolliers y vont en dé- » votion chanter les antiennes que l'on at coustume de chanter » aux complies dans la dit Eglise N. Dame d'Avioth.* »

« ... *En ceste Eglise de St Brice les femes stérilles ont*
» *coustume, au moingt plussieurs, de la visiter par dévotion à*
» *l'effet d'obtenir enfants.* »

« ... *La transférence de ceci at esté fait immédiatement*
» *après l'invention de la S^te et miraculeuse image titulé l'i-*
» *mage N. Dame d'Avioth, de laquelle transférence et temps*
» *d'icelle l'on n'en peux scavoir certitude asseuré, non plus de*
» *la certitude de la construction de la dite Eglise N. Dame*
» *d'Avioth.* »

« ... *C'est ce lieu d'Avioth où estoit une petite coline ou*
» *montagnette espineuse que fut apparue ceste S^te image de la*
» *sacrée Vierge Marie trouvée sur un arbre d'espine, lieu où*
» *elle est encore reposante et assise pour ce jourd'huy au costé*
» *gauche de l'autel du cœur de la dite église N. D. placée sur*
» *une piramide assez haute, magnifiquement construitte, séante*
» *dans un siège, en tenant l'enfant Jésus entre ses bras, revêtue*
» *d'une robe accommodante chacune aux jours de ses festes*
» *solennelles, tenant un sceptre en l'une de ses mains, cou-*
» *ronnée d'une couronne d'argent, et le petit Jésus aussi. Quant*
» *à sa couleur elle tire sur le noir ou sur le bruine.* »

» *Et quant à la confection de ceste image, nous n'en pou-*
» *vons dire aultres choses que j'a tousiours ouy dire et apris*
» *de nos ancestres, qui de leurs ancestres l'avaient aussi ouy*
» *dire et apris, que ceste sainte image et miraculeusse avoit*
» *esté bastie des anges envoyés du ciel et treuvé en ce dit lieu*
» *en la sorte comme dit est, et y a continué et continue, et doit-*
» *on aussi tousiours continuer d'après l'opinion d'aulcuns qui*
» *advisoient de la debvoir transporter et colloquer au milieux*
» *du grand auttel, non conforme à la mienne ni d'aultres aussi,*
» *la lesser au lieu de son invention où elle est aujourd'huy* (1).»

---

(1) On raconte qu'une personne d'Avioth, frappée de l'état de vétusté de l'image miraculeuse, crut qu'elle avait fait son temps, et se permit

« *Le trou qui se trouve au pied de la piramide s'at fait par*
» *des curieux pensant par ce trou tirer de l'espine sur laquelle*
» *ceste sainte image fut trouvé, laquelle, à son invention, sans*
» *doubte a esté distribué entre les fidels pour mémoyre, comme*
» *s'at fait à aultre lieu.* »

« ... *Combien par diverses fois avons nous recoigneu des*
» *changements qui ce sont fait à ceste sainte Image de N. Dame*
» *d'Avioth, et notament pendant ceste guere dernier, en des*
» *rougeurs extraordinaires bien apparantes qui nous présageoit*
» *tant de misères, des ruines et malheurs qui s'en sont depuis*
» *ensuivi...* »

« ... *C'est à ceste église N. Dame d'Avioth, que je diras*
» *N. Dame de vie :* à viâ — vitam dans — iter tutum ducens
» ad salutem, *ou bien :* Ave o theotocos Virgo (1), *ou sont*
» *aporté de diverses quantons et de diverses lieu des petits en-*
» *fants mort-né, privé de la vie, exclus du ciel, lesquels sont*
» *posé au pied de ceste sainte image de N. Dame miraculeusse,*

---

d'installer, il y a quelques années, sous le dais d'honneur, une reproduction de ce simulacre vénéré. L'effigie authentique, ainsi détrônée, obtint une place moins marquante sur une petite tribune du chœur. Mais le peuple, mécontent de cette innovation, en fit prompte justice. La nouvelle statue fut, à son tour, reléguée au second rang, et la donatrice désappointée la fit disparaître.

(1) L'étymologie fort ingénieuse, qui a obtenu les suffrages du clergé, se trouve sur le sceau d'un acte de 1587, qui représente la Vierge et son divin Fils, avec la légende circulaire :

AVE O THEOTOCOS VIRGO !

Avioth ne figure pas au rang de village, dans nos chartes, avant 1223; mais, déjà précédemment, son emplacement y est désigné comme *lieu dit : apud Avios,* où les sires de *Pouilly, Inor, Martincourt,* etc., possédaient, dès 1067, des terrains cultivés, dont ils donnaient les dimes à Orval. (Lettre de M. le Président Jeantin à l'auteur.) La forme strictement classique que ce terme, *apud Avios,* doit à la plume des chartographes du moyen âge, pourrait se traduire en sobriquet à l'adresse,

» *tout nud sur la piere, et en quelle saison de l'année ce soit,* » *et durant tout le temps qu'il y sont exposé, en présence des* » *personnes apportant ses enfants et aultres qui par charité* » *s'y treuvent au son de la cloche, et puis toutes ses personnes* » *ce mettent en dévotion. On chante le* Salve Regina, *les litanies* » *à l'honneur de la sacré V. Marie. Aulcuns font celébrer le* » *St sacrifice de la messe, se confessent, communient, affin de* » *pouvoir sur ce triste accident incliner la sacrée Vierge Marie* » *à leur implorer de Dieu son fils grâce, miséricorde pour* » *ceste enfant à leur consolation...* »

« ... *Ainsi, par les faueurs de la Ste Vierge, souvent ses* » *petits enfants y aporté y recoivent le baptesme qui est la* » *première voye à l'entrée du salut... Les signes le plus évident* » *qui aparoissent le plus souvent à ses enfants dont l'on sup-* » *pose vie et sont de suite baptismé, sont les mouvements des* » *vennes des membres, changements de couleur en vermeille, de* » *froidure en chaleur, de nature palle en rougeur, effusion de*

---

peut-être, des premiers censiers chrétiens, écartés des anciennes voies romaines : *Avii*, et dont le soc a repris, parmi les décombres calcinés de ce pays perdu, *in Avio rudeto*, l'œuvre de fertilisation interrompue depuis le fatal passage de *Chrocus* (408), ou d'*Attila* (447).

M. *Jeantin* nous fait observer que c'est dans ce sens que les mots *avium, avia* sont employés dans les premières chartes des monastères du *Vosagum* et notamment dans la chronique de *Moyen-Moutier ;* il nous cite aussi la charte de l'évêque *Etienne de Bar*, de l'an 1150, qui fait mention de *Rainier de Avio*.

Quoi qu'il en soit du sens de cette appellation latinisée : *apud Avios*, dont le bref apostolique de 1649 nous fournit un équivalent moins correct : *locus de Avio*, il y a lieu de présumer qu'elle a pour origine un *lieu-dit* plus ancien : *Aviot* se retrouve ailleurs, notamment dans la topographie cadastrale de *Troussey*, canton de Void.

La forme actuelle, AVIOTH, empruntée à la pieuse étymologie du clergé, est devenue officielle dès le XIVe siècle (charte de 1372).

» *sang, d'eau, sueur chaude, et pour donner asseurance que ses* » *dits signes peuvent estre signes de vie et telles enfants vray-* » *ment baptismé, c'est qu'après tel baptesmes fait en vertus de* » *tels signes, ces signes disparoissent et ce changent, retour-* » *nant les dits enfants en leurs estres mortels, comme aupa-* » *ravant lhors qu'ils ont eté aporté... C'est la coustume que* » *l'on enséputure ses dits enfants sur la cimetière d'Avioth à* » *certain lieu à ce assigné par l'evecque...* (1) »

MATER DEI, MEMENTO MEI!

XIII.

JUBÉ OU AMBON.

Au-dessus de la porte qui communique de l'abside au chœur, une petite tribune carrée, trop exiguë pour y faire siéger commodément une personne, repose sur le mur d'enceinte du sanctuaire. L'un des côtés de ce simulacre d'*Ambon* est pourvu d'une balustrade flamboyante, fort peu élevée; l'autre côté s'appuie contre un pilier, sur le devant duquel figure, en encorbellement, une crédence en pierre, dans le goût de la décadence ogivale.

En face de l'autel, une clôture, richement ajourée, fermait jadis, dit-on, cette tribune alors ouverte et accessible, au moyen d'un escalier mobile, du côté de l'abside, où elle a été fermée plus tard par une dalle massive.

La tribune, ainsi défigurée, fut mise à profit, il y a un quart de siècle environ, pour y exposer une statue de la Vierge, et atteste la déplorable facilité avec laquelle on procédait naguère au remaniement de maint accessoire artistique devenu, par la

(1) Voir la note III, à la fin de l'ouvrage.

suite, une énigme ou du moins un embarras pour l'archéologue (1).

Au dire des anciens, l'ouverture pratiquée à travers la corniche inférieure de cette tribune livrait passage au cordon de la sonnette qui annonçait l'arrivée du prêtre à l'autel.

L'espace, compris sous l'arcade qui fait face à la porte latérale du chœur, est occupé par le siége réservé à l'officiant; ce siége, en forme de niche, est surmonté d'un dais en pierre, sculpté à l'instar d'une tenture ogivale.

XIV.

STALLES.

A l'entrée du chœur sont disposées, à droite et à gauche, des *stalles sculptées en bois*, dans le goût de la Renaissance (1).

---

(1) « *L'ambon* était originairement une tribune élevée, bâtie à l'entrée » du chœur, où l'on chantait les leçons des matines aux fêtes solennelles » et où l'on récitait l'épître et l'évangile. Souvent il y avait deux ambons; » l'un destiné à la lecture de l'évangile et l'autre à la lecture de l'épître... » Quelquefois, au milieu du moyen âge, on y a réservé des places pour » la famille des seigneurs ou pour les laïques nobles. »

Ce passage, emprunté à une publication périodique, s'accorde avec les récits populaires, d'après lesquels un comte de Chiny (*Godefroid de Dahlembroeck?*) aurait trôné sur ce siége, pendant la célébration des saints offices.

C'est cette petite tribune que désigne M. *Delhotel*, en parlant du *Chantuaire* ou *Doxal* inachevé.

(1) « Avant le XIIIe siècle, dit M. *Schayes*, le clergé était rangé en » cercle autour de l'hémicycle du chœur au centre duquel se trouvait, » dans les églises épiscopales, le siége de l'évêque. Mais au XIIIe siècle, » soit par suite du prolongement des bas-côtés autour du chœur, soit à » cause de l'augmentation du personnel, qui nécessita un allongement » considérable dans cette partie de l'église, on transporta les siéges des

Elles ne se distinguent en rien des boiseries du même style et de la même époque. On y voit des médaillons à bustes, des plates-bandes à sculptures délicates, caractérisant par des emblêmes l'ancienne et la nouvelle loi ; des vases ornés de guirlandes, qui circulent de l'un à l'autre. Elles se terminent, selon l'usage, par un attique flanqué de deux enroulements et surmonté d'un pot à feu.

L'aigle à deux têtes figure, à l'extrémité gauche, du côté de l'autel, parmi les autres attributs qui occupent le champ des panneaux ; elle fixerait l'exécution de ces stalles dans l'ère espagnole, au règne de *Charles-Quint* (1519-1556), si l'on n'avait la certitude que les bas-reliefs, médaillons et autres décors, y ont été appliqués, en 1790, par un sieur *Bandeville* de Stenay. Pour expliquer le signe héraldique qui induit en erreur l'archéologue, on doit admettre que l'artiste a travaillé d'après des cartons d'ancienne date.

Le reproche, déjà fait à l'orgue, s'adresse également aux stalles ; leur dossier, dont le mérite est fort secondaire, masque le riche treillis ogival, qui surmonte la clôture murée du chœur. A ce titre, nous sommes en droit de considérer ces boiseries comme un encombrement que repousse le bon goût.

XV.

ABSIDE.

La retombée des voûtes s'appuie dans l'*abside*, d'une part sur les supports, déjà connus, qui forment l'enceinte du chœur, et de l'autre sur des faisceaux appliqués aux murs, au nombre de

---

» chanoines, et autres officiants, de l'extrémité du chœur à ses côtés laté-
» raux. Là on disposa des stalles en bois sur deux rangs superposés, les
» stalles hautes (*scalæ*) et les stalles basses (*formæ chori*). »

cinq ou neuf roseaux, dont les chapiteaux ont été décrits précédemment.

Les deux colonnettes, qui sont en contact avec le fût central des quatre faisceaux du chevet de l'abside, se distinguent par une particularité digne de remarque et inusitée ailleurs ; une base appuyée sur un chapiteau simule une superposition de colonnes.

Ces supports sont appliqués à des espèces de contre-forts de 2 mètres de profondeur, qui forment des réduits ménagés pour diviser l'abside en chapelles, et pour remplacer, par la pénombre qui règne dans cette partie de l'enceinte, les cryptes dont elle est dépourvue (1).

XVI.

AUTELS DE L'ABSIDE.

Les cinq faces de l'abside renferment chacune, dans leur enfoncement ogival, un autel moderne en bois, indigne de figurer dans cet auguste sanctuaire que l'on aimerait à voir plus décemment meublé. Ces revêtements, si dépourvus de goût, et bariolés de teintes éclatantes, masquent des constructions antiques en pierre, dont les dimensions varient, en longueur, de 2 mètres 15 à 1 mètre 98, et, en profondeur, de 1 mètre à 96 centimètres, et qui offrent deux types bien distincts. A part deux

---

(1) On affirme, sur la foi d'un ancien manuscrit que nous n'avons pu découvrir, l'existence de *cryptes* situées sous le chœur, et dont l'entrée secrète se trouverait au pied de l'escalier qui conduit à la sacristie supérieure. On prétend même que l'eau d'un ruisseau permettait d'y faire fonctionner un moulin.

C'est une opinion générale et fondée qu'après le XIIe siècle on ne bâtit plus de cryptes. La croyance des habitants d'Avioth peut, conséquemment, être rangée parmi les récits fabuleux, de toute sorte, qui circulent sur le compte de notre église.

exceptions remarquables, ce ne sont que des massifs oblongs et rectangulaires, dépourvus de toute ornementation, et qui réclamaient, dès le principe, un encadrement en bois.

Dans la chapelle du rond-point, dite de *Saint Pierre et de Saint Paul*, la tablette repose sur deux pédicules composés chacun de trois colonettes alignées ; les chapiteaux à *crochets*, avec un fleuron de couronne ducale entre chaque feuille, et la *langue* bifurquée, dont le tore majeur de la base est muni aux quatre angles de la plinthe, qui est commune aux trois fûts, nous reportent aux styles *roman* fleuri et *romano-ogival* (XIe et XIIe siècles).

Le cas est unique dans tout l'édifice ; mais le peu d'analogie qui existe, d'ailleurs, entre ce rare spécimen du *style romano-ogival* et la place qu'il occupe (car on a dû superposer à chaque pédicule un moellon pour suppléer à l'insuffisance de leur hauteur), permet de considérer ces pédicules comme pièces de rapport distraites d'une autre destination. D'où proviennent-ils ? nul ne saurait le dire. Leur type a une ressemblance frappante avec les sculptures du *vieux sanctuaire d'Orval*, consacré en 1124. *Serait-ce un débris de l'oratoire primitif, qui aurait motivé la fondation d'Avioth en 1223 ?*

Le point central de l'épaisseur de la dalle est creusé en trou carré, au fond duquel reposent, dans un petit verre, les *reliques*. Cette cavité, que l'on appelle en liturgie le *Tombeau*, est fermée au moyen d'une petite pierre marquée d'une croix.

La table, que possède la chapelle de gauche, est appuyée sur deux faisceaux de colonnettes sans chapiteaux, groupées au nombre de cinq. La base de ces pédicules reproduit fidèlement les détails adoptés pour les piliers et faisceaux de toute l'église.

Un spécimen de *rétable* ogival, en pierre, se trouve dans la chapelle située à droite du rond-point. Ce complément accuse une date un peu plus récente que celle revendiquée par le restant des autels, dont le type primitif n'admet aucune des additions successivement imaginées, par la suite, pour s'harmonier avec la majesté du temple et la pompe des cérémonies du culte. La petite armoire, destinée à recevoir les vases sacrés, fait encore défaut; mais déjà deux gradins, le premier tout uni, et le supérieur orné d'arcatures trilobées, surgissent au-dessus de l'autel. Le rétable, qui s'appuie sur ces gradins, est très-bas, et composé d'une seule ligne de sept compartiments ou niches, couronnées de dais tronqués et espacés par des pinacles, qui se relient à leur sommet par des ogives trifoliées.

Le cadre en bois adapté postérieurement autour de ce rétable, et le badigeon qui recouvre le tout, rendent presque méconnaissable ce curieux *spécimen* d'ornementation du XVe siècle, unique dans l'église d'Avioth.

La croix, gravée à droite et à gauche de la superficie des tables, et répétée plusieurs fois, indique que tous ces autels ont été consacrés.

A leur droite se trouve, sur un pédicule en faisceau, ou placée dans une cavité pratiquée dans la muraille, la petite piscine qui recevait l'eau provenant des ablutions, et la laissait écouler en terre par un trou.

Nous placerons ici les détails fournis par M. *Delhotel* sur les autels que possédait l'église au XVIIe siècle, et ceux que nous avons pu recueillir sur leur vocable primitif et actuel.

« *En la dite Eglise sont institué onzes autels : le* grand autel, » *l'autel* St-Nicolas, *l'autel* St-Pierre et St-Paul, *l'autel* St-André, » *l'autel* Ste-Croix, *l'autel* St-Jacques, *l'autel* Ste-Magdalaine, » *l'autel* St-Eloy, *l'autel* St-Jean l'Evangéliste, *l'autel du* » St-Esprit, *l'autel* Ste-Agnès; *desquels autels il y a les cha-* » *pelles, qui sont dotez de rente et chargé d'obligations comme* » *s'ensuit :* »

« *Premier : la chapelle* St Nicolas, *qui ce confère par un* » *abbé et couvent de* St Symphorien *de Metz, chargé de deux* » *messes par sepmaine, tire huit muid sur le terage du petit* » Verneuil, *par préciput, at un petit arrentement au ban* » *d'Avioth, cidevant de vingt un franchar de grains. Oultre*

» *a au ban de* Brouene *pièce de terre franche du terage que* » *ci-devant l'on en tiroit, cincque franchar de grains, laquelle* » *pièce de terre est appelée le* champt le prestre.....»

« *De la chappelle* St Esprit, *de laquelle en sont les collateurs* » *les* Seigneurs *de* Breu, patronage. *Elle est chargé de deux* » *messes par sepmaine, de laquelle chapelle dépend un huic-* » *tiesme de dismes de* Thonelethil, *un arrentement scitué à* » Margut.....»

« *De celle* Ste Agnès, *il y at une messe à la quinzaine;* » *dépend de la dite chappelle le ixij des grosses dismes* d'Avioth, » *un terage dans le ban* d'Avioth, *dit le* terage St Piere, *comme* » *il est limité, avec un prez et une piece de terre dite la pièce* » Ste Anne, *à la coulture du fond de* la Vaux, *ban de* Thonela- » lon. *Les collateurs ci devant c'estoit un* curé d'Avioth; *les* » Baillet de Verton *s'en sont emparé de la collation, à l'exclu-* » *sion d'un curé d'Avioth.....*»

« *La chappelle* Ste Magdalaine *est chargé de deux messes par* » *sepmaine; dépend d'icelle un gaignage à* Thonelethil, *un* » *petit gaignage à* Grand-Vernueil, *un petit arrentement au* » *lieu* d'Avioth, *de cincque francs par an. Les* Seigneurs d'Inor, » *de qui dépend le fief de la* cens de Thonel, *sont collateurs en* » *qualité de patronage.....*»

« *L'autel* St Eloy, *chargé d'une messe par chacun mois de* » *l'année, à un curé d'Avioth, pour lequel il tire par an un* » *muid de blé et ij francs d'argent sur le gaignage* N. Dame » d'Avioth, *dit le* gaignage du Portal.»

« *La chappelle* St Jean l'Evangéliste, *chargé à la quinzaine* » *d'une messe pour l'anniversaire* Jean le Chapellier, *prend* » *deux muid de rente sur les biens dudit le Chapellier, qu'il* » *a doné à un curé d'Avioth, qu'il possède présentement.*»

« *Quant au reste des aultres auttels il n'a auscunes rentes* » *desquels elles soient doté.*»

Par suite du déplacement des statues, il est impossible de se guider de nos jours, d'après les indications du manuscrit de

1668, pour préciser l'emplacement des autels, tels qu'ils sont énumérés par M. *Delhotel*. Le nombre de ces autels n'est plus au complet d'ailleurs; il en est quatre qui font défaut. Celui que possédait la *chapelle sépulcrale des seigneurs de Breux* a disparu, à l'époque où les deux arcades de cette chapelle, située sous la tour septentrionale, ont été murées.

Un autre autel se trouvait, d'après l'avis judicieux d'un ecclésiastique de sens, dans la sacristie inférieure, qui a tous les caractères d'une chapelle; le vestiaire du clergé se trouvant alors au premier étage. Nous laissons aux curieux le soin de fixer à leur choix le site des deux derniers autels.

Voici les saints qui figurent actuellement dans l'abside, à partir du côté gauche :

Premier autel, dédié à *saint Nicolas*, aux côtés duquel se trouvent un autre évêque (qui probablement est *saint Brice*) et une sainte.

Le deuxième n'a point de statues.

Le troisième (rond-point), est dédié à *saint Pierre ;* à droite et à gauche figurent *saint Fiacre* et *saint Jacques*. C'est, dit-on, *l'ancienne chapelle de saint Pierre et saint Paul.*

Le quatrième autel est occupé par *saint Jean l'Evangéliste,* qui figurait précédemment dans la *chapelle neuve*. Il a pour compagnons *saint Roch* et *saint Jean-Baptiste*. Ce dernier saint est accoutré naïvement d'une peau à laquelle adhèrent encore la tête et les tibia désarticulés.

Le cinquième autel montre actuellement l'effigie de *sainte Anne,* accompagnée de *saint Joseph* et d'une sainte martyre (1).

---

(1) « Les autels des XIIIe, XIVe et XVe siècles, dit M. *Schayes*, ne » se distinguent de ceux des siècles précédents que par les formes ogi- » vales de leur ornementation ; c'étaient toujours des tables en pierre, » posant sur un pédicule, sur quatre ou six colonnettes isolées ou en » faisceau, ou des constructions massives, ornées d'arcatures et de statues

XVII.

CONFESSIONNAUX.

Si les autels en pierre intéressent l'archéologue par leurs formes primitives et sévères; si les ciselures délicates des stalles présentent aux regards des détails multipliés dont on se plaît à interpréter le symbolisme, il n'en est pas de même des *confessionnaux* placés dans l'abside. Quelques planches grossièrement ajustées en armoire et plus maladroitement encore badigeonnées, voilà tout ce que l'on a cru devoir faire pour ce meuble d'église, qui peut offrir ailleurs, et notamment dans les Flandres belges, des types dignes d'attirer l'attention.

XVIII.

TOMBES.

« *Die Graeber sind es, durch welche*
» *die Vorwelt vernehmlich, wie durch*
» *kein anderes Mittel, zur Nachwelt*
» *spricht.* »

Prof. Dr. Braun.

Nous terminerons notre *esquisse* par le chapitre *Tombes*.

Cette page, mise en regard d'une autre inscription que nous allons signaler, nous fournira des inductions dont le lecteur appréciera l'importance.

» à la face antérieure, et parfois aussi aux côtés latéraux. On observe » seulement que les tables étaient plus oblongues que précédemment.

» Avant la fin du XIIIe siècle, ou dans le commencement du XIVe, » les autels n'avaient point de contre-retables, et n'étaient surmontés » que d'une croix sans christ, et de deux ou quatre chandeliers, posés » à plat et non sur un gradin, usage qui ne s'introduisit qu'au XVe » siècle. Les premiers contre-retables, soit en bois, soit en pierre, » étaient très-bas, et ne présentaient qu'une seule ligne de petites fi- » gures. »

La clef de voûte que l'on voit à l'entrée du chœur représente un *agneau*, figuré en relief, sur un fond de feuillage, et soutenant, de son pied gauche, une croix à deux traverses. Le cordon saillant qui enceint l'agneau est occupé par la légende circulaire que voici, en majuscules gothiques sculptées en relief : *Agnus Dei qui tollis peccata* (1).

On sait que la *capitale latine* vulgaire des inscriptions monumentales est devenue, au XIIe siècle, par une altération gracieuse, ce qu'on nomme la *majuscule gothique*. Dès le commencement du XVe siècle cette dernière forme graphique a fait place à la *minuscule allemande*, détrônée, à son tour, dans le courant du XVIe siècle, par le *type primordial*, exhumé avec les ordres *gréco-romains*, dont il avait été jadis le contemporain. Ces notions ne laissent pas que de venir en aide quand il s'agit de déterminer approximativement l'âge d'une inscription ancienne, et celui même du monument qu'elle accompagne.

Nous savons, d'un autre côté, que la *sacristie*, dont l'érection a suivi celle du corps de bâtiment, possède une *clef de voûte* semblable, qui reproduit en *minuscules* l'invocation précitée, et que les *tombes* renfermées dans l'église offrent toutes le même genre de caractère que la sacristie (2).

Concluons : 1° l'édifice actuel a été entrepris et terminé au XIVe siècle ; l'homogénéité du style et la clef de voûte du chœur l'attestent avec la dernière évidence. Nous ajouterons que, d'ordinaire, les *inhumations* suivent de près l'achèvement d'un sanctuaire de cette importance, et que même l'hypothèse d'une reconstruction n'excluerait pas la conservation des dalles tumulaires du temple précédent : or, le premier cas de décès gravé sur pierre est de 1411 !

La plus ancienne épitaphe occupe la totalité du champ d'une dalle en pierre, mesurant 87 centimètres sur 60, encastrée dans

---

(1) Voir l'*album*, Fig. 1.

(2) Voir la note I à la fin du volume.

le mur du côté droit de l'abside. Elle se compose de *minuscules gothiques*, également employées dans les trois suivantes.

> † *Cy . gist . cecille . fame .*
> *badovvin . faquelo . de . vy .*
> *meire . amonse . iehan . auesq .*
> *desaurien . qui . trepassait .*
> *lan . mil . 400 . et 11 . prie*
> *pour . elle .* (1).

La chapelle du rond-point, dite de *saint Pierre* et *saint Paul*, renferme un vaste sarcophage en pierre, à faces rectangulaires et unies, sur lequel repose, chaque pied appuyé contre une levrette, une statue de femme, en haut relief, grossièrement ébauchée. Un petit écu est appliqué, des deux côtés, sur la

---

(1) Voir l'*album*, Fig. 4.

Un homme de sens, dont les lumières nous ont guidé dans l'interprétation des anciennes épitaphes, M. Saint-Q...., Inspecteur des douanes, membre de la société dunkerquoise, nous a suggéré les rectifications suivantes, qui rendent intelligibles certains mots incomplets ou d'orthographe surannée :

Ci . gist . Cecille . femme . Baudouin . Faquelo . de . Vy mère . à . Monseigneur . Jehan . évêque . des Sauriens ou Soriens.

[*Nota.* Suivant l'historien de Chiny, *Beaudouin Faquelo de Wy*, fils ou neveu de *Pi-a-thon* de *Wy-(curte)*, près Vezin, sous *Lon-g-wy*, était un sire de *Failly*. (Note de M. Jeantin.)]

L'Espagne, patrie de la défunte, nous fournit la ville de *Soria*, sur le *Duero* (Vieille-Castille), fondée en 1122, près des ruines de *Numance*, et qui devint le titre d'un comté.

D'un autre côté, l'*Isaurie* (le pays de *Sauria*, d'après Michaud, Histoire des Croisades), petit district de l'Asie-Mineure, qui forma plus tard une province du diocèse d'Orient, offre un autre terme encore plus frappant d'analogie avec le mot *desaurien* de l'épitaphe.

Nous n'avons pu vérifier deux points essentiels, à savoir l'existence, au commencement du XVe siècle, d'un siége épiscopal à *Soria*, ou bien d'un titre d'évêché, *in partibus infidelium*, en *Isaurie*.

poitrine de cette informe représentation de la noble défunte. Au-dessus de son chevet de pierre deux anges soutiennent une nacelle (1), également décorée d'un écu, laquelle renferme une figurine, dans l'attitude de la prière, qui simule l'âme demandant grâce au souverain Juge. Les meubles ou armoiries du champ des trois écus ont disparu.

On lit sur deux côtés du rebord en biseau de la dalle supérieure :

..... *A* . *da* (me . ca) *tarine* . *dame* . *de* . *biries* . *que* . *dieu* . *saicfet* . (sic) *mercy* . *a* . *s* . *arme* (âme?) *qui* . *trespassait* .

Et sur la face antérieure du sarcophage :

Cy . *gist* . *madame* . *alix* . *de* . *estalles* . *dame* . *de breu* . *q* . *trespassa* . *l'an* . *1421* . *8*e . *iour* . *dou mois* . *de jung* . *Et* . *cydecost* . *git* . *henris* . *sire* . *de* . *breus* . *son* . *fil* . *qui* . *trespassait* . *l'an* . *mil* . *430* . *le* . *jour* . *de* . *la* . *nativité* . *de* . *nre* . *dame* . *priies* . *pour* . *euls* . (2).

---

(1) Cette petite *nef*, emblème d'une traversée allégorique, se retrouve aussi à *Saint-Denis*, dans les scènes d'outre-tombe du roi *Dagobert*. Serait-ce une réminiscence mythologique de la nacelle de *Caron*?

(2) Voir l'*album*, Fig. 5.

Ce cénotaphe provient, nous l'avons déjà dit, de la chapelle sépulcrale des *seigneurs de Breux*, dite du *Saint-Esprit*, actuellement condamnée. M. *Delhotel* s'exprime ainsi au sujet de cette chapelle ;

« *L'on peut évidemment recoignoistre que nostre dit Eglise N. Dame* » *est construitte sur le territoire et seigneurie de Breu; cela fait juger* » *qu'en considération de ce les dits Seigneurs du dit Breu ont fondé et* » *construitte la chapelle du S*t *Esprit en ladite église, à l'entrée d'icelle* » *église, où plusieurs Seigneurs et Dames de Breu y sont en sépulture,* » *comme ce peut encore voir pour le jourd'huy; ce pourquoi aussi que les* » *dits Seigneurs de Breu s'attribuent le droit de patronage de la dit* » *Eglise, et ce disent collateurs de la Cure d'Avioth, et d'iceux en suis* » *esté promeu de la dite cure en l'an* 1636. »

*S*t *Broicz*, dans une charte de 1270, *Biries*, *Breus* et *Breu* au XVe

La première légende s'applique évidemment à la personne figurée en relief, et la seconde inscription a dû être gravée, par la suite, pour le double cas de décès qu'elle mentionne; ce qui nous fait conclure que les trois autres côtés du coffre attendaient de nouvelles épitaphes.

Cette page de nécrologe ainsi complétée aurait fourni de précieux renseignements sur l'histoire de la maison de *Breux*.

Sous la première arcade du collatéral gauche, actuellement condamnée, et qui correspond à la tour septentrionale, est encastrée dans le pavé une pierre tombale sur laquelle s'appuie un mur de compartiment intérieur. M. *Bax*, sculpteur de l'église, à qui cette dalle remarquable avait été signalée par l'instituteur, M. *Lepointe*, nous a donné, en cette circonstance, une nouvelle preuve de son empressement à nous seconder dans nos investigations. Il s'est imposé la tâche pénible de démolir en partie le mur, et de débarrasser avec précaution le creux des lettres du ciment qui s'y était incrusté.

Elle mesure 1 mètre 92, sur 92 centimètres, et son champ représente au trait une *damoiselle*, de noble lignée, sans doute, vêtue d'une robe ample et traînante, complétée par un camail à larges plis. Les bandes d'une cornette, ruchées à gros tuyaux, encadrent sa face et s'allongent en barbes autour du cou. L'épitaphe suivante, en caractères *gothiques minusculaires*, occupe le cordon qui circule autour de l'effigie de la défunte.

Ci . gist . alisson . fille . lemaire . guielm . de . bataincourt . (1) *la . quelle . trespassait . en . lesglise . de . ceans . lan . mil . 400 . et . 56* . (2) *proies . pour . lye . amen* †

---

siècle, telle est la série des variantes connues, à travers lesquelles le nom de *Breux* a passé avant d'arriver à sa forme actuelle.

(1) *Batincourt*, hameau de 100 feux, section de *Halanzy*, province de Luxembourg (Belgique); à 6 kilomètres environ, nord, de Longwy, et 28, est, d'Avioth.

(2) Nous interprétons ainsi la dernière partie de la date, qui se com-

Une quatrième épitaphe, gravée dans le champ d'une tablette en pierre, qui mesure 64 centimètres sur 50, surmonte le *bénitier* (1) adapté au pilier que l'on voit à droite, en entrant par le portail latéral.

Cy . gist . mesire . jehā
proudon . curey . de .
bilei . (2) *qui . trespassait . l̄.*
1462 . on . moy.....
fevri : pries : po^r .....

La chapelle située à gauche du rond-point de l'abside possède une inscription, en *capitales latines* vulgaires, que l'humidité du mur dans lequel elle est incrustée, à 1 mètre 50 de hauteur, a quelque peu endommagée. Elle se trouve à gauche de l'autel, et occupe le champ d'une tablette d'ardoise, qui mesure 47 centimètres sur 40.

ICY. SONT . LES . OMBRE. .
ET . SEPVLTVRE . DE . M^RE
TRES . NOBLE . HENRI . D'AN...
ESCVYER . SEIG^R . DE . VESQVE
VILLE . (3) AVEC . SES . FRER....

---

pose d'un *l*, équivalant à 50, d'un second signe absolument étranger aux lettres numérales gothiques, et qui a beaucoup d'analogie avec un 5 arabe, et d'un *i* pour 1. Voir l'*album*, Fig. 6.

Le déplacement de cette pierre tombale serait assurément du goût des touristes, qui aimeraient à la voir figurer en évidence dans un lieu accessible au public. L'emploi simultané d'un *chiffre arabe* avec des *lettres numérales gothiques*, est un fait curieux à noter.

(1) Ce *bénitier* est le seul objet de l'espèce qui soit en rapport avec le style de l'édifice. Le bassin, supporté par un pédicule à colonnettes engagées, jadis décoré d'une statuette, a la forme d'une corbeille qui reproduit fidèlement la gracieuse ornementation végétale des chapiteaux.

(2) *Billy-les-Mangiennes*, ou *sous les côtes?* Voir l'*album*, Fig. 7.

(3) *Vesqueville*, commune rurale de Belgique, province de Luxembourg, près de Saint-Hubert, à 50 kilomètres nord d'Avioth.

ET . MORT . LAN . 1572
PRIE . DIEV . POVR . LEVRS . A...
IHS . M

Une sixième inscription est gravée, en mêmes caractères romains, sur une dalle en marbre noir, encastrée dans le pavé du chœur, à droite du maître-autel. On a cherché à la rendre illisible, mais la dureté du marbre n'a pas permis de consommer cette œuvre de dévastation sacrilége ; la voici :

SOVS CE MARBRE SONT LES CORPS
DE TROIS ENFANTS DE SANG ILLVSTRE
DE MESSIRE IEAN D'ALLAMONT SEIGR
DE MALANDRII GOV R DE MONTMEDII
ET DE MADAME AGNES DE MERODE
LEURS PERE ET MERE.
IEAN-FRANCOIS, ARNOLD, ET MARIE-
ERNESTINE, QVI DECEDERENT LAN
DE CONTAGION 1636 AGES DE 2
3 4 OV 5 ANS.
A PEINE ONT-ILS VEV LA VIE QVE
LE CIEL LES A RAVIT. LECTEUR NE
LES PLEVRE PAS MAIS ASPIRE A
LEVR FELICITE.
ALLAMONT (écusson mutilé) MERODE

NOTE

*Sur l'époque la plus probable de la fondation de l'Eglise d'*Avioth.

M. *Jeantin* s'est historiquement convaincu que les premières construction (ou reconstructions) ont dû être entreprises au plus tard vers le milieu du XIIIe siècle, sous le Comte *Arnould III*, mari de *Jehanne de Chiny*. Il fait remarquer que c'est en 1248 que l'abbé *Failbert de Failly* a cédé à ce Comte le restant des droits de l'abbaye de saint *Symphorien* sur les deux *Verneuil*, après avoir donné le *ban de saint Brice* à l'église d'Avioth. La tombe de la femme de *Baudouin Faquelo de Wy-(curte)*, sire de *Failly*, morte en 1411, confirme plutôt qu'elle n'infirme l'opinion de l'historien du *Comté de Chiny*.

APPENDICE.

Nous placerons par extrait, à la fin de cette notice, quelques renseignements intéressants, fournis par M. *Delhotel*, que nous n'avons pu classer ailleurs, et plusieurs faits historiques des XVIe et XVIIe siècles, que le même chroniqueur a pris à tâche de remémorer à ses ouailles, en raison du contre-coup qui en est résulté pour le village et l'église d'Avioth.

I. *Prêtres attachés au sanctuaire d'Avioth. Confréries et privilége de Trêve-Dieu.*

« Considérant que un Curé ne pouvoit satisfaire à touttes les obli-
» gations qu'il y avoit pour lhors et notament le service parochial et
» d'aultres services accidentels, et pour satisfaire à ce dit service et
» messes sont esté establit *quattres prestres* résidants au dit lieu que
» nous appellons aujourd'huy fabriciens ou chapellains de la fabricque
» quy sont institué et establit par un Curé d'Avioth, et gagé pour
» leurs services selon l'institution sur ce fait dans les documents de
» la dite Eglise, ce qui ce continue et s'observe pour le jourd'huy
» conformément la confirmation des supérieurs de Trèves.....»

« ..... Les indulgences et graces concédé en ceste sainte Eglise
» en faveur des confrairies y érigé, comme celle de la très-sainte et
» très-adorable Trinité, celle des saints Mystères du saint Rosaire
» nous invitent à ce pieux debvoir de bien servir Dieu, la sainte
» Vierge en son lieu, en son église d'Avioth. »

« Les anciens faisoient entendre qu'il y avoit quantité d'*annau* à
» la muraille de la cimetière de l'église N. Dame d'Avioth, et qu'en
» temps de guere celluy qui s'en pouvoit sesir, tant pour sa per-
» sonne, bestails, estoit affranchi de hostilité de guere. De plus fe-
» soient entendre que ses deux *hures de sangler*, qui sont à la croix

» de piere devant la dite église, signifiaint *des franchises notables* » *pour le lieu.* »

II. *Importance du village au XVIIe siècle ; halle, foires et pilori.*

« Et ce lieu d'Avioth estoit habité de quantité de bourgeois, estant » du passé quattre vingts maisons et les habitants à l'advenant. »

« Que le dit lieu d'*Avioth* auroit esté tenu en respect ce voit par » la que du passé il y avoit une *halle* establit au devant de la dite » Eglise. Les pieres des piliers qui soustenoient la dit halle y sont » encore ou en partie, le tout ruiné par la malice des temps, où ce » fassoit tous les lundys de l'année le marché, oultre les foires. Les » habitants d'Avioth en ont encore l'octhorité de ce faire par l'oc- » troye qu'ils en ont du souverain Prince d'heureusse mémoire » *Albert d'Austrice*, et at on esté de mon temps au point de restablir » la dit halle ; la direction n'estant projecté, demeuras comme elle » demoure en sursćance, ne subsistant présentement que les cincques » foires N. Dames qui continuent jusque là (1). »

« Et pour empêcher les désordres et maintenir justice il y at le » *charquant* (2) apposé dans un arbre au milieux du village, audevant » de l'église, pour de tant plus contenir les marchans à leurs debvoirs » et venir à la pénitence. »

III. *Guerres, spoliations et autres fléaux.*

Le premier fait désastreux, appuyé sur des documents encore existants, que l'on peut rattacher aux annales d'Avioth, eut lieu en 1596.

---

(1) Une charte du 24 février 1599, insérée dans les *Chroniques de l'abbaye d'Orval*, fixe ces foires aux dates suivantes : jour et fête de *Saint Mathias*, 24 février, pour la première ; la seconde, le jour de *Saint Jacques et de Saint Philippe ;* la troisième, le jour de *Saint Pierre aux liens ;* la quatrième, le 1er août, et la cinquième le 24 octobre, jour de *Saint Simon* et de *Saint Jude*.

(2) Carcan.

La prise de *Virton* et de plusieurs autres villes fortes du Luxembourg, par les Français, en 1479, par *Robert de Lamarck* vers 1526, par le *duc d'Orléans* en 1542 ; celle d'*Ivoix*, *Dampvillers*, *Montmédy* et de quelques châteaux forts des alentours, en 1558, par le *duc de Nevers*, n'ont pas laissé, sans doute, que d'avoir des conséquences fatales pour notre église, mais les renseignements précis à cet égard nous font défaut, et nous ne trouvons, dans le manuscrit de 1668, qu'une mention vague des « *miseres des gueres et malices du temps passé.* »

Henri IV, sentant le besoin de donner une diversion puissante à l'esprit de parti, venait de déclarer, au commencement de 1595, la guerre à *Philippe II*, roi d'Espagne, soutien de la ligue et l'un des coryphées du parti des *Seize*. Les principaux d'entre les Huguenots, et le *duc de Bouillon* en tête, redoutant la paix avec Philippe II, et, par suite, un accord fatal à la réforme entre les souverains catholiques, avaient influencé la détermination du roi de France, et déjà le duc de Bouillon, prévenant le manifeste, s'était hâté, vers la fin de 1594, de faire une incursion dans le Luxembourg. »

« En 1596, *I* [illegible] *Montmédy*, *Laferté* tombèrent au pouvoir des
» Français, tandis que les Hollandais leurs alliés prenaient *Echter-*
» *nach* et en pillaient le monastère. Ils saccagèrent aussi *Arlon*. »

Les Huguenots de Bouillon et de Sedan, animés, comme les Hollandais, leurs coreligionnaires, par l'esprit de secte, et avides de pillage, se ruèrent sur le sanctuaire vénéré d'*Avioth*, fouillant jusqu'au sein des sépulcres pour leur arracher un maigre et sacrilége butin; puis, pour laisser des traces ineffaçables de leur passage, ces nouveaux Vandales, la torche en main, allumèrent « ung feu de meschief qui consomma les deux tiers des manoirs du dit villaige. »

Ces faits sont relatés dans la charte octroyée au village d'*Avioth* par l'Infante *Isabelle*, le 21 janvier 1599, un an après la conclusion de la paix de *Vervins*.

Deux brisures, encore existantes au couvercle et sur le devant du sarcophage de *Madame de Breux*, datent vraisemblablement de cette époque, où les envahisseurs, induits en erreurs par la croyance populaire encore accréditée de nos jours, croyaient avoir sous les yeux la tombe d'une *Comtesse de Chiny*.

C'est évidemment à cette époque que fait allusion M. *Delhotel* en déplorant la perte « des tittres et documents concernant l'institution de l'église, par les rigueurs et fascheries des misères des gueres du temps passé. »

Les principes des envahisseurs de 1596 nous permettent encore de leur attribuer l'acte de profanation que voici :

« Nous avons apris de nos devanciers que, au temps des gueres » antérieurs de celles dernier passé, que un infidel fut sy téméraire, » et par un très grand mespris introdhuisat dans ceste église un sien » cheval et le contraignat à manger sur le grand auttel, audevant de » la *sainte image de N. Dame*. Par un grand respect ceste action » plusque diabolicque ne demeurat sans estre puny ; à l'instant le dit » cheval mourut enragé, avec grand honte, perdition et confusion de » ce malapris hereticque, qui par après mourut misérablement. »

Une nouvelle guerre, survenue entre *Louis XIII*, roi de France, et *Philippe IV* d'Espagne, et la peste la plus meurtrière qu'il soit possible de mentionner, s'abattirent simultanément, en 1636, sur le Luxembourg.

« La province la plus maltraitée, dit *Bertholet*, fut le *Luxembourg*, » et elle eut à souffrir de l'un et de l'autre parti. Une armée de huit » mille hommes, composée de *Croates*, de *Hongrois* et de *Polo-* » *nais* (1), que l'Empereur envoya pour faire une course en France, » crut qu'ayant passé la Moselle elle était sur les terres ennemies, » et elle y commit une infinité de désordres et de brigandages. D'un » autre côté, une armée de sept à huit mille *Français* sortis de la » Lorraine, se jeta sur les *quartiers wallons*, n'y respectant ni le » sacré, ni le profane. Durant ces calamités tout le monde s'enfuyait, » les uns dans les villes, les autres dans les châteaux, ceux-là dans » les bois, ceux-ci dans les rochers. Mais le fléau qui fut le plus dou- » loureux c'est que du ravage des campagnes s'ensuivit la cherté des » vivres, de la cherté la famine, et de la famine la peste. »

---

(1) Cette bande féroce et indisciplinée était sous les ordres du fameux partisan autrichien *Jean de Werth*, qui vainquit, en 1643, à *Tudlingen*, le maréchal comte de *Rantzau*, dont le corps, glorieusement mutilé dans les combats, ne possédait plus qu'un œil, une oreille, un bras et une jambe.

L'espace manqua dans les cimetières, qui bientôt se trouvèrent combles. A Luxembourg on dut faire creuser des fosses communes sur les remparts et y entasser pêle-mêle les victimes du terrible fléau. *Onze cent mille personnes* succombèrent ainsi dans la contrée. Une foule de maisons, voire même des villages entiers, se dépeuplèrent, et personne ne s'y trouva pour donner la sépulture aux morts.

M. *Delhotel*, nommé à la cure d'Avioth en 1636, revient sans cesse, dans son naïf récit, à cette date néfaste, qui a moissonné par le fer, le feu et la peste.

« L'an que nous disons de la mortalité, l'an des *Granattes, Hon-* » *grois* et *Polacques*, l'an de cruauté, de martirs exercé par ces » cruels et barbares à l'endroit des créatures, séjournant si long- » temps dans ces pays depuis la Noël jusqu'à la Saint-Jean. »

« Poursuivis, chassés furieusement, ce jettant dans des trous, dans » hayes, bussons, bois, au grand péril de leurs corps, de leur vie, » les hommes, traqués comme des bêtes fauves, molestés et emmenés captifs, « réclamoient la sainte Vierge N. Dame, » qui leur suggérait des avis salutaires pour se soustraire aux persécutions. « Les femmes, » filles nobles, non nobles, estant en danger d'estre violé, emmené » et mourdri, tous ont trouvé moyen d'eschapper. »

Exactions, tortures inouïes, viols, incendies, meurtres, tout est énuméré par le pauvre prêtre « deschassé et exilié dans les bois et « forest de Chiny..... moy, entre les aultres, qui n'a pas esté exempt » de ces pillages, et m'en scay bien à quoy tenir, » qui affirme que » ces enrasgés tirents », en incendiant le village et l'église de *Meix* devant Virton, « ont rostie en brosches des personnes. *Quis unquam* » *audivit talia!* »

Le pieux narrateur s'applique, en cette circonstance, l'exclamation de Job : « *Dominus dederat, Dominus abstulit. Sit nomen Domini benedictum!* » et rapporte une foule de traits de la protection de N. Dame en faveur de ses ouailles, de lui-même et des populations circonvoisines si cruellement affligées.

L'image miraculeuse, les ornements, cloches, etc., mis en lieu sûr dans la forteresse de Montmédy, échappèrent à la cupidité de ces « nations barbaricques. »

C'est en considération de cette année de calamités que les habitants d'une foule de localités se sont engagés par vœu à venir processionnellement, les uns chaque année, les autres de 7 en 7 ans, à *N. Dame d'Avioth*, « pour le subject d'avoir esté délibvré de contagion en leurs personnes et en leurs bestails en l'an susdit 1636, et ce continue encore présentement. »

Puis vint le siége d'*Ivoix* (Carignan), suivi de l'incendie d'*Orval*, par le *maréchal de Châtillon*, en 1637, événements qui nécessitèrent les mêmes mesures de précaution que ci-devant à l'égard du trésor de N. Dame.

Le narrateur signale ensuite le siége de *Montmédy* par le *comte Touraine* (Turenne ?) en 1647, (1657 ?) pendant lequel le village fut mis à contribution et tous les bestiaux enlevés pour l'approvisionnement de l'armée ennemie.

Le siége et la prise de *Montmédy* par l'armée française, en 1657, est aussi un fait marquant dans les fastes d'Avioth. L'investissement de la place ne permit pas d'y faire transporter, comme précédemment, les objets affectés au culte ; force fut de les cacher ailleurs, et ces mêmes objets échappèrent de la sorte à la confiscation qui atteignit, après la prise de la ville, tout ce que les vainqueurs y trouvèrent accumulé. Il n'en fut pas de même du modeste mobilier des habitants d'Avioth : « Nonobstant que d'ailleurs les meubles réfugié dans » la dit église aus pauvres habitants furent tout pillé et les miens » avec les aultres..... aussi la dit église a souffert de très grands » dommages à ces toictages, enlèvement de tout les plombs d'icelle, » d'un prix presque inestimable. »

L'historien cite encore l'occupation du pays par le *général de La Ferté* pendant six mois, en 1659, et le séjour que fit plus tard dans le village, durant huit jours, un régiment de mille chevaux appartenant au corps du général *Montpesat* (?), lequel détachement consomma le restant des approvisionnements en grains et en fourrages : « par ainsi le pauvre peuple est retourné dans des nouvelles misères, doleurs sur doleurs ! »

Nous ne suivrons pas le vénérable pasteur dans le détail des calamités qui ont assiégé son troupeau à cette époque de troubles et d'agitations de tout genre (1636-1682 (1)), et des péripéties de sa

(1) Cette dernière date est celle du décès de M. *Delhotel*.

propre existence, tourmentée et souvent mise en jeu; le récit qu'il en fait serait trop long. Nous résumerons la matière le plus succinctement possible. — Aperçu, en 1636, par des *Polacques,* près de *Thonnelalong,* où il se rendait pour le soulagement des infirmes, M. *Delhotel* n'eut que le temps de se jeter à l'eau, sous un pont, « soubs péril de nier. » — Poursuivi, en 1647, par une sentinelle ennemie, il alla se réfugier derrière un mur « sous une tocque de houblon. » — Dans une autre circonstance, un coup de pistolet à l'adresse d'un soldat insolent, qui venait de molester les habitants d'Avioth, « redondât sur moy qui en eût les cheveux frisés, et une quantité de poudre dans la face. » — En 1657, aperçu par un factionnaire français, au moment où, revenu nuitamment du lieu qui lui servait de refuge, il venait d'entrer dans le « meix de la cure, » il essuya, en se sauvant, le feu de deux coups de « fisicques, les balles frotte à frotte de mes oreilles sans estre offensé. »

Son zèle pour la conservation de l'église faillit lui coûter cher à la même époque. Le feu s'étant déclaré dans une paillasse cachée sous les combles, il se hâta d'y courir pour arrêter ce commencement d'incendie. Bien lui prit de reculer par une inspiration soudaine, car il allait se précipiter sur le pavé de la nef centrale par une lunette de la grande voûte.

FIN DE L'APPENDICE.

NOTE I.

VIEUX SANCTUAIRE DE L'ABBAYE D'ORVAL ET SES TOMBES.

Trois dalles tumulaires en marbre, encore existantes dans les ruines de la célèbre *abbaye d'Orval,* confirment les notions épigraphiques énoncées au chapitre *Tombes*. L'une de ces dalles est de la fin du XIVe siècle, et son inscription, gravée en creux, qui présente, dans toute sa teneur, le beau type de la majuscule gothique, tel qu'il se voit à la clef de voûte de l'église d'Avioth, est conçue comme suit :

Ci . gist . gober . d'afflance . escuicir . qui . trépassait . l'an . de . graice . de . noster . signour . mil . 380 *. et .* 12 *. le . douzime . jour . du . moix . de . may . proics . por . ly .* (1).

Les deux autres inscriptions, dont la première est sculptée en relief et la seconde en creux, tracées en minuscules gothiques, sont de 1408 et de 1478 ; les voici :

Cy . git . henri . cuidieu . pardoint . qui . trespassat . l'an . mylbe . quatre . cens . huit . le . your . de . la . nativité . et . sa dame . en . septembre . proies . por . ly + (plusieurs mots mutilés) *feme . adit . henry . cui . dieu . pardoin . proyes . por . lye* + (2).

---

(1) *Auflance,* village du département des Ardennes, à 5 kilomètres S.-O. d'Orval. Gobert d'Aflance portait pour armes : « *d'or, au chef de gueules.* » Voir l'album, fig. 12.

(2) Cette locution *cui . dieu . pardoint .* ne doit pas être confondue avec le nom du défunt. On la retrouve textuellement dans des lettres patentes de Jean-sans-Peur, duc de Bourgogne, de même date que la tombe (*Mém. de la Société dunkerquoise,* 1857, p. 247). Elle se produit en d'autres termes, selon les époques ou les localités. Une épitaphe du XIVe siècle (T. IV des *Mém. de la Société philomatique de Verdun*) nous en fournit un équivalent : *Que Deus marci li faice.*

Ce nom, *Henri,* ne fournit aucune indication d'origine. — *Cugnon,* village belge de l'arrondissement de Neuf-Château ; 1084 hab. La maison de Cugnon, à laquelle appartenait la femme de *Henri,* était une des pairies du Luxembourg. Voir l'album, fig. 13 et 15.

(Cy gît Gobert de Boulogne) *jadis..... de . Margnye . qui . trespassat . l'an...* (1478).. *deu . mois . de . septembre . le ..... jour . priics . a . dieux . pour . luy* + (1).

Ces trois dalles se trouvaient primitivement dans l'*ancienne église abbatiale,* dont les débris offrent, dans toutes leurs parties, un fort beau specimen du style *romano-ogival* du XIIe siècle, caractérisé par le mélange du *plein-cintre* et de l'*ogive.*

Cet accord entre un principe à son déclin, dernier vestige de l'architecture romaine, et le nouvel élément à l'essai, appelé à s'identifier bientôt, de la manière la plus grandiose et la plus intime, avec les dogmes du catholicisme, se traduit, au côté droit du chœur par une haute ouverture cintrée, inscrite dans un arc ogival simulé. Au transept gauche, si admiré des connaisseurs, une rangée de fenêtres romanes, surmontée d'une rose charmante, se superpose à une porte ogivale murée. Une arcature, de même style que cette porte, soutient les parois de la nef centrale percées d'ouvertures cintrées.

Les chapiteaux dont la forme est cylindrique, élancée, et que surmontent des tailloirs carrés, très-larges et fort élevés, ne sont pas moins curieux à étudier, et résument les progrès de l'art au XIIe siècle, et les deux types généraux du style de transition de l'époque.

Le *crochet* uni, figuré presqu'exclusivement à la naissance des arcades qui séparent les trois nefs, acquiert parfois, dans les parties supérieures du vaisseau, un fini précieux, et se met côte à côte avec d'autres figures végétales aussi variées de forme que parfaites d'exécution. Le même groupe présente autant de modifications dans ses sculptures qu'il a de fûts, et cette diversité se reproduit d'une autre manière dans chaque pilier-cantonné. En ligne avec le crochet de la forme la plus simple se place un végétal de même apparence, mais

---

(1) *Margny,* village du département des Ardennes, à 3 kilom. S.-O. d'Orval. — Le château de *Margny,* tel qu'il existait au siècle dernier, est encore debout. C'est une bâtisse fort mesquine du XVIIe ou XVIIIe siècle, consistant en un petit corps de logis carré, percé de quelques fenêtres très-étroites, et flanqué, sur le devant, d'une tour octogone avec machicoulis et meurtrières. Voir l'album, fig. 14 et 16.

finement strié et à nervure centrale grenetée, qui peut lutter de perfection, par ses déchiquetures et par son port gracieux, avec ce que le ciseau corinthien a produit de plus exquis. Ce genre de décoration se transforme aussi en feuillage entier, sans volutes ni nervures, ressemblant à des langues disposées de la même manière, et parfois accompagnées dans leurs interstices, de lis droits ou renversés.

Les *palmettes* s'agencent de différentes manières, soit en massif touffu, s'étalant de l'astragale à l'abaque, soit en réseau serré de tiges à cime palmée, soit encore supportées par deux baguettes accoudées et entrelacées, surmontées, dans le triangle supérieur, d'un pétale sinueux et polylobé. Ces entrelacs s'enroulent aussi, au sommet du chapiteau, à l'instar de deux escargots juxtaposés, reliés par des lis ou fers à double angon, et inscrivant chacun un fleuron rosacé. Ailleurs, deux palmes pyramidales d'un faible relief, accouplées à leur base par un cordon ondulé, présentent une copie assez exacte des *anté-fixes* gréco-romaines.

Une fouille, qui vient d'être pratiquée (juillet 1857) pour déblayer le pavé de cet antique sanctuaire en ruines, fournit de nouvelles données sur son type architectural, et justifie la date connue de son érection, 1124. Une feuille, en forme de langue, empâte le tore inférieur aux quatre angles de la plinthe. Ces éléments, nés au XIe siècle avec le roman fleuri, appartiennent aussi au style de transition romano-ogival, et disparurent avec lui dans le XIIe siècle. Dès ce moment, la plinthe et le tailloir, précédemment carrés, prennent la forme octogone conservée pendant les siècles suivants.

A *Avioth,* comme nous l'avons dit, le chapiteau et la base de l'époque romano-ogivale se retrouvent dans les *pédicules d'un autel de l'abside* construits avec des fragments contemporains de l'église d'Orval. Les diverses restaurations de 1533, 1642 et 1680 n'ont eu, conséquemment, aucune influence, contrairement à ce qui a été avancé, sur les beaux restes que l'on admire actuellement encore.

Cette ancienne église d'Orval ayant été délaissée et même vouée à la démolition après l'achèvement du nouveau cloître, les tombes susdites ont été transférées, avec d'autres en assez grand nombre, dans le nouveau temple commencé, en 1768, sur les plans du célèbre architecte belge *Dewez*, et consacré en 1776, où on les a utilisées comme carreaux de pavage.

La première, dont le dessin au trait est totalement effacé, a été soulevée en partie par les dévastateurs du monastère ; elle mesure 2 mètres 30, sur 1 mètre 40. La seconde (2 m. 60, sur 1 m. 70), qui passait pour recouvrir les restes du fondateur de l'abbaye, déplacée en 1849 dans un but de cupidité, gît en deux morceaux à quelques pas de son emplacement précédent. Elle représente au trait deux personnages, les mains jointes sur la poitrine, — un chevalier accompagné d'un lévrier, et sa dame ; — celle-ci a la tête couverte d'une sorte de coiffe ou voile raccourci ; un manteau long et très-ample, jeté sur une robe négligemment drapée, dissimule sa taille et ses pieds. Une guimpe encadre le bas de sa figure et lui donne l'apparence d'une religieuse. Le guerrier couché à sa droite, ceint du glaive et muni de la dague, porte sur son écu *trois pattes de lion avec une étoile en chef*, emblèmes également reproduits aux quatre angles de la dalle. Il est entièrement couvert d'une armure de fer, et sa coiffure consiste en un chaperon de mailles étroitement serré autour du cou. Une main à demi-ouverte appelle l'attention sur chacun des défunts, en prévision, sans doute, de l'oubli qui efface sitôt le souvenir de ceux que le trépas a rayés de la liste des vivants. Des deux côtés du gable qui couronne l'élégant encadrement ogival de chaque niche, figure un ange tenant un encensoir de forme antique.

La dernière tombe, enfin, qui a 2 mètres, sur 1, est restée, jusqu'à ce jour, encastrée dans le pavé du fastueux monument que les projectiles de la brigade *Loison* ont fait crouler le 23 juin 1793 (1).

A part la légende, qui est fort détériorée, le dessin de celle-ci est parfaitement intact. Un manteau court, très-ample, à manches flottantes, dont les bords sont festonnés, et à plastron façonné avec goût, cache en partie le costume guerrier du sire de Margnye. Son front découvert est encadré par des cheveux bouclés avec une grâce féminine. L'écu fixé à la garde du glaive représente *deux lions superposés.*

Le dessin et l'inscription de ces trois tombes sont inédits.

---

(1) Nous avons le regret d'annoncer que les fragments de cette dalle intéressante, déjà lézardée par la chute des murs de l'édifice, ont été éparpillés, dans le courant de juillet 1857, pour donner accès dans les caveaux de la nef, au moyen d'une ouverture pratiquée dans la voûte.

NOTE II.

INSCRIPTION DU TABERNACLE.

On reconnaît dans cette épigraphe le caractère *gothique minusculaire* le plus étrange et le plus dégénéré. Ce ne sont pas, comme le pense un savant archéologue, des signes de pure fantaisie, témoin les lettres finales bien régulières, *m* et *a*. C'est un type abâtardi, qui ne peut se classer que dans la première moitié du XVIe siècle, époque de la construction du tabernacle.

Les termes de comparaison ne manquent pas, soit à *Orvál*, soit à *Avioth*. Le premier échantillon de la minuscule, presque à sa naissance, se voit dans les épitaphes de *Henri*, 1408, et de *Cecille, ſame Baudouin Faquelo de Vy*, 1469. Seize ans auparavant, la *minuscule*, si déjà elle existait ailleurs, n'était pas encore usitée dans cette contrée, et, vers la fin du XIVe siècle, le beau type *majusculaire* figurait dans toute sa pureté à la voûte de l'église d'Avioth et sur la dalle tumulaire de l'écuyer d'*Aufflance*, 1392.

Les légendes de *messire Jehan Proudon*, 1462, et du sire de *Margnye*, 1478, nous fournissent la *minuscule* élégante, à fines enjolivures, presque cursive, en rapport avec le style flamboyant le plus maniéré ; ce n'est que postérieurement à ces dates que nous arriverons à la période dans laquelle ont été exécutées les lettres découpées à jour, dont le sens mystérieux nous préoccupe à si juste titre.

Le dernier mot *Chrisma* se devine aisément par un nombre exact de lettres, et par sa terminaison *ma* en caractères réguliers ; il est surmonté de l'emblème, encore usité de nos jours, de la dignité épiscopale, requise pour la consécration des saintes huiles.

Le *Saint-Chrême* était, sans doute, une des matières sacramentelles déposées dans les tabernacles, mais la plus auguste de toutes, celle qui a dû suggérer avant tout, et presque exclusivement l'idée de créer ce gracieux meuble d'église et de le faire rivaliser en luxe d'ornementation avec l'autel du sacrifice, encore dépourvu d'armoire, c'est le *pain eucharistique*, et le respect dû aux vases sacrés.

Nous serions tenté de croire que l'inscription se compose de *deux* indications essentielles, dont la première se compléterait par les *trois* signes hiéroglyphiques qui la surmontent.

Le premier de ces signes a quelque analogie avec une *table* (l'autel ou simplement la tablette consacrée?) ; peut-être aussi n'est-ce qu'un simple trait de contraction ; le second avec un *calice*, et le troisième avec l'*hostie*. Le sacrement de l'autel, représenté par ses trois attributs, figurerait ainsi à gauche, et en premier lieu, d'après le rang de préséance qui lui appartient de droit.

Quelle est, parmi les nombreuses figures mystiques usitées pour désigner l'*Eucharistie*, celle qui nous donnera le mot vrai représenté par les signes tracés sur la porte en fer de l'armoire?

Un prêtre érudit, se basant sur des abréviations de même espèce mentionnées dans des traités d'archéologie, croit pouvoir lire : *iustus*. La dernière syllabe se composerait d'un *u* assez reconnaissable, auquel seraient accouplés, à gauche, un trait équivalent à un *t*, et, à droite, un autre signe représentant un *s*, dont la valeur lui paraît démontrée par une figure de même espèce employée dans le mot *Chrisma*. Ce ne serait, dès lors, que la contraction de *Jesus-Christus*.

Puis viennent, avant *Chrisma*, quatre autres signes qui ne s'accommodent, de près ni de loin, avec l'alphabet gothique.

NOTE III.

UNE PAGE DES LIBÉRALITÉS DE NOTRE-DAME D'AVIOTH AU XVIIe SIÈCLE.

Le manuscrit de 1668, outre la liste des baptêmes d'enfants mort-nés, rapporte divers accidents qui ont fourni au clergé et au peuple l'occasion de proclamer la miséricordieuse assistance de Notre-Dame d'Avioth. Parmi ces récits, il en est quelques-uns plus dramatiques, et dont les détails appartiennent à l'histoire du XVIIe siècle. Nous avons cru devoir les consigner ici comme appendice au chap. XII.

I. — La désastreuse invasion de 1636 a eu, dans nos contrées, un long et douloureux retentissement, qui permet de la faire figurer en ligne avec celles des Normands et des Hongrois. D'âge en âge les pères redisaient aux enfants les méfaits inouis des « Granates-Polac-» ques, ces enragés tirents, qui avaient rostie en brosches des » captifs ; » et il a fallu les émotions de 93 pour donner un nouvel aliment aux terreurs populaires.

Le village de *Meix-devant-Virton* est celui qui a dû conserver le plus longtemps le souvenir de Jean de Werth et de ses soudarts. L'incendie avait succédé au pillage ; et chaque manse vomissait le feu et la fumée par ses ouvertures. Après avoir lutté pied à pied pour la défense de leurs foyers, les plus décidés d'entre les bourgeois s'étaient réfugiés dans l'église et, ne s'y croyant pas assez en sûreté, avaient gagné la tour du portail ; mais le feu, introduit dans le saint asile par les torches incendiaires, courait déjà de lambris en lambris, s'attaquait aux ameublements sacrés, et commençait à se faire jour jusqu'aux hauts-combles. On vit alors ces malheureux, confiants en Notre-Dame d'Avioth, se précipiter par les lucarnes sur le parvis du temple, pour échapper au terrible élément. Le Ciel leur vint en aide dans cette extrémité ; car la chute ne fut mortelle pour aucun d'eux, et leurs persécuteurs, aveuglés ou stupéfaits, n'osèrent les poursuivre. « Tous, ajoute M. Delhotel, ont été icy, en » ceste esglise, faire leurs actions de grâce, lesquels j'a veu et » coigneu et entendu dire véritable ce que desus. »

II. — En cette même année, M. Nicolas Arniquin, curé de Thonne-le-Thil, revenait de Sedan, en compagnie de plusieurs personnes. « Sur le haut des Miniers, proche de Montlibert, » la caravane inoffensive, aperçue par un détachement de soldats ennemis, essuie une furieuse décharge de mousquetterie, et se disperse à travers champs, laissant sur le terrain une femme mortellement atteinte. A son retour, M. Arniquin fait voir à M. Delhotel sa capotte trouée par les balles, et proclame hautement qu'il doit son salut à l'intervention de Notre-Dame d'Avioth.

III. — Le 22 mars 1639, Jean de Marot, « sergent du Domaine, à » Thionville, » sur le point d'escorter à Luxembourg un convoi de voitures pesamment chargées, reçoit inopinément la visite de M. Jean Piera, fabricien d'Avioth, et lui remet, à cette occasion, « douze » sols pour une messe à l'honneur de la Vierge d'Avioth; » cet exemple est suivi par sa femme qui se fait recommander à sainte Anne; puis le sergent monte sur un des chariots, « chargé d'environ » deux mil livres pesant. »

A la porte de Thionville, une secousse ébranle la voiture; Jean de Marot tombe à terre, et les deux roues passent sur ses jambes. Il se relève, bénissant Notre-Dame d'Avioth, qui l'avait miraculeusement préservé de tout accident; car le poids du chariot avait broyé la crosse et tordu le canon de sa carabine tombée avec lui.

Pour donner à ce fait toute l'authenticité possible, le sergent Marot en fait dresser, incontinent, un acte en règle par M. Martin Gendarme, notaire impérial à Thionville, qui est député à Avioth, pour remettre entre les mains du clergé la carabine et l'acte en question.

IV. — Un jeune seigneur de la race des sires de Malandry, Jean d'Allamont (1), le même qui, quelques années plus tard, trouva une mort héroïque sur les remparts de Montmédy foudroyés par les canons de Louis XIV, revenait par mer d'Espagne, pour se rendre dans le sein de sa famille. Le navire qui le portait, saccagé par la tempête, périssait et allait sombrer.

Homme de cœur et bon chrétien, il ambitionnait une fin plus noble, plus utile à sa patrie. Se souvenant alors du sanctuaire béni où, tous les mois, le saint sacrifice était célébré pour la prospérité de sa maison, il eut recours à Notre-Dame d'Avioth, et lui promit de recevoir les sacrements, en action de grâces, au pied de ses autels. Son

---

(1) La défense héroïque de Montmédy et la noble fin de cet enfant de la Meuse réalisent le parfait idéal du guerrier chevaleresque et chrétien. Son dernier mot, après avoir trempé un mouchoir dans le sang qui coulait de ses blessures, fut : «Montrez ce mouchoir au roi d'Espagne, et dites-lui que j'ai été jusqu'à ce point son serviteur. » Louis XIV, à genoux devant les restes mutilés du gouverneur espagnol, s'écria la larme à l'œil : « Je voudrais racheter sa vie par la mort de deux mille de mes soldats! » (Voyez *Bertholet* et M. *Lagarde*.)

vœu fut agréé, et lui-même donna à M. le curé Delhotel des détails circonstanciés sur son heureuse délivrance.

Le récit du chroniqueur ne précise pas la date de cet événement.

V. — M. Delhotel nous apprend que de son temps plusieurs habitants de Breux avaient élu domicile sur l'emplacement du « vieu chasteau de Breu. » Leurs misérables hobettes faisaient saillie à la base des éperons, des contre-forts et des assises du manoir féodal en ruines.

Or, en 1652, un incendie vint jeter l'alarme dans ce quartier aux toits de chaume, dit « la Vieille-Ville. » Une à une, les maisonnettes s'effondraient, dévorées par le feu; lorsqu'un synodal de l'endroit, nommé Richard Billé, dont la demeure allait être atteinte, « fust » aduisé réclamer et inuocquer l'adsistance et secours de la glorieuse » Vierge, Notre-Dame d'Avioth. Il se met à genoux et récite les lita- » nies à son honneur. Soudain la flamme prit cour aylleurs, et fust » sa dit baracque conserué, et celles des voysins joindant. »

FIN.

TABLE DES MATIÈRES.

Avant-Propos 1
Introduction. — Précis architectonique et annales sommaires . . 5
Note, nº I. — Comment il faut interpréter la charte de 1223. . . 23
Note, nº II. — Le vœu d'Arnoux, premier comte de Chiny, d'après Berthels. 24
Note, nº III. — Notions sur l'architecture religieuse au moyen âge. 26

PREMIÈRE PARTIE. — EXTÉRIEUR.

I. — *Orientation.* — Poésie des édifices sacrés. 27
II. — *Portails.* — Le jugement dernier. — La statue du comte de Chiny. — Deux princesses en effigie; note de M. Jeantin. — Riche galerie historique et allégorique. — Hérode à la recherche de la Sainte-Famille, et le prodige des épis 28
III. — *Tours et face antérieure de l'édifice.* — Grande rosace. — Le médaillon aux sept têtes; légende . . . 44
IV. — *Cloches.* — Actes d'origine. — Un parrain et une marraine de haute lignée. — Citations. 45
V. — *Bas-côté gauche*. 47
VI. — *Nef.* — Contexture de ses fenêtres. — Deux styles . . 47
VII. — *Transept gauche.* — La porte de Madame de Breux, et l'aumône posthume du Jeudi-Saint; légende. — Note de M. Jeantin sur Alix d'Estalles 48
VIII. — *Sacristie.* — Inscription lapidaire. — Le cabinet de force des possédés 50
IX. — *Chœur.* — Sa physionomie. 52
X. — *Abside*. 52
XI. — *Transept droit.* — Esquisse de sa rose. 53

XII. — *Bas-côté droit.* 54

XIII. — *Receveresse.* — Sens précis de ce mot. — Richesses artistiques hors ligne. — Offrandes à la Vierge *Recepueresse.* — Ecusson énigmatique ; note de M. Jeantin. — L'*Ex-voto* de l'esclave. — Porte monumentale. — Extraits. 54

XIV. — *Chapelle neuve.* — Formes de transition. — Sujets mythologiques et sacrés. — L'écusson de Charles-Quint 59

XV. — *Gargouilles, corniches et appareil de maçonnerie.* . . 61

DEUXIÈME PARTIE. — INTÉRIEUR.

I. — *Les systèmes et les on-dit.* — La tradition et les conclusions des archéologues. — Récits populaires : les Fées, la reine Brunehaut, le petit-fils de Charlemagne et le comte de Chiny. — Ce qui induit en erreur les touristes. — Comment se fourvoie la critique littéraire. — Conditions requises pour préciser l'âge d'un édifice ; résultats pratiques de cette méthode. — Les conjectures de M. Delhotel et l'argumentation de M. Courtois. — Le gain d'un maçon d'autrefois ; naïves observations. — Saint Bernard a-t-il prêché à Avioth ? — Le témoignage unanime des chancelleries, de l'archéologie et de la religion. — Affluence des pèlerins. — 93 et ses conséquences. — L'hôpital d'Avioth ; les *bons-malades* et leur anniversaire. — La lèpre 62

II. — *Buffet d'orgues.* — Dévastations et remaniements. — Notions archéologiques 75

III. — *Piliers et faisceaux.* — Irrégularités frappantes. — Riche décoration des chapiteaux. — Les tables de la loi. — *Triforium.* — Notions archéologiques . . . 77

IV. — *Vitraux peints.* — Deux types et leur appréciation. — Les Mystères du Rosaire. — Inscriptions sur verre. Ecussons armoriés. — Notions archéologiques . . . 80

V. — *Voûtes.* — Clefs-d'arc historiées et autres. 87

VI. — *Chaire à prêcher et autres morceaux de sculpture.* — Sujets caractéristiques et points d'analogie. —

Ecusson austro-espagnol. — Date à compléter. — Nom d'artiste. — Les armes des puînés de France; interprétation de ce blason par M. Jeantin. — Notions archéologiques 88
VII. — *Transepts.* — Dôme inachevé et son époque. — Citations 93
VIII. — *Chapelle neuve.* — Sa date et son autel. — Deux styles. — Les fonts-baptismaux et les crédences. — Notions archéologiques 95
IX. — *Chœur.* — Ses arcades 97
X. — *Maître-autel.* — Son style et son ornementation. — Citation 98
XI. — *Tabernacle.* — Son esquisse et précis historique. — Inscription énigmatique. — Notions 98
XII. — *Notre-Dame d'Avioth,* ou la statue miraculeuse. — Conséquences de son culte. — Interprétation historique du récit de M. Delhotel. — La chapelle de Saint-Brice, matrice d'Avioth, et son pèlerinage. — Les enfants mort-nés. — L'intervention des anges et le buisson d'aubépine. — Origine présumée de la Vierge d'Avioth; son type archéologique, ses voyages et son identité. — Texte de 1668. — Etymologie du clergé. — Le mot *Avioth* et ses transformations . . 100
XIII. — *Jubé ou ambon.* — Sa forme primitive et sa nouvelle destination. — La tribune du comte de Chiny. — Siége de l'officiant. — Notions 114
XIV. — *Stalles.* — Leur description. — Signe héraldique apocryphe. — Notions 115
XV. — *Abside.* — Chapelles rayonnantes 116
XVI. — *Autels de l'abside.* — Leur dotation. — Deux types. — Déplacement des statues. — Vestige de l'oratoire primitif. — Notions archéologiques 117
XVII. — *Confessionnaux* 118
XVIII. — *Tombes.* — *Cecille, fame Baudouin Faquelo,* mère d'un Evêque : quel est ce prélat? — *Madame Catarine de Biries.* — *Madame Alix de Estalles, dame de Breu,* et son fils; leur chapelle sépulcrale. — Variantes du mot *Breux.* — Un cas de décès à l'église;

Alisson, fille Lemaire de Bataincour. — Curieux mélange de lettres numérales gothiques et de chiffres arabes. — *Messire Jehan Proudon, cureij de Bilei.* — *Henri d'Anli, de Vesqueville.* — Les enfants de *Messire Jean d'Allamont*, gouverneur de Montmédy. — Extraits 118

APPENDICE.

1° *Prêtres attachés au sanctuaire d'Avioth.* — *Confréries et privilége de Trève-Dieu.* 129

2° *Importance du village au XVIIe siècle.* — *Halle, foires et pilori.* 130

3° *Guerres, spoliations et autres fléaux.* — Les Huguenots en 1596. — Acte de sacrilége. — Incendie d'Avioth. — Les Croates, les Hongrois et les Polonais en 1636. — La peste et le vœu des Luxembourgeois. — Le maréchal de Châtillon en 1637. — L'armée du Grand-Roi et la prise de Montmédy en 1657, etc. — Les tribulations d'un curé d'Avioth au XVIIe siècle. 130

Note, n° I. — *Notre-Dame d'Orval et ses tombes.* — *Gober d'Afflance.* — *Henri, et Marguerite Cugnon.* — *Gobert de Boulogne, sire de Marynye.* — Esquisse archéologique des ruines de l'église Notre-Dame d'Orval 136

Note, n° II. — *Inscription du tabernacle d'Avioth.* — Signes phoniques, surmontés d'emblèmes attributifs. — Considérations sur le type, l'époque et le sens de cette épigraphe. 140

Note, n° III. — *Une page des libéralités de Notre-Dame d'Avioth au XVIIe siècle.* 141

FIN DE LA TABLE DES MATIÈRES.

INDICATION

DU SUJET ET DU PLACEMENT DES FIGURES.

ÉGLISE D'AVIOTH (Meuse).

Plan de l'Église.

Fig. 1. Clef de voûte du chœur. (Pl. 1.).

2. Inscription sur verre (*grandeur naturelle*). (Pl. 1.).
3. Clef de voûte de la sacristie. (Pl. 1.)
4. Tablette sépulcrale de l'abside. — Chapelle de droite. — (et non *Épitaphe du sarcophage* de l'abside, comme le porte la gravure). (Pl. 2.).
5. Épitaphe du sarcophage de l'Abside (Rond-Point). (Pl. 3.).
6. Pierre tombale de la chapelle de Breux. (Pl. 4.).
7. Épitaphe du Bénitier (et non *Bénétier*, comme le porte la gravure). (Pl. 5.).
8. Fac simile de l'inscription du tabernale (*grandeur naturelle*). (Pl. 6.).
9. Date de la chaire à prêcher. (Pl. 7.).
10. Date de la chapelle neuve (Pl. 7.).
11. Inscription du groupe de l'*Ecce homo*. (Pl. 7.).

ABBAYE D'ORVAL (Belgique).

12. Épitaphe de Gober d'Affiance. (Pl. 8.).
13. Épitaphe de Henri. cuidieu. pardoint, et de sa femme. (Pl. 9.).
14. Épitaphe de Gober, sire de Marguye (Pl. 10.).
15. Pierre tombale de Henri. cuidieu. pardoint, et de sa femme.
16. Pierre tombale de Gober, sire de Margnye.

ERRATA.

Page 18, ligne 2, lisez : *du* chœur, au lieu de : de chœur.

Page 48, lignes 26 et 28, lisez : *gable*, au lieu de : galbe.

Page 50, ligne 9, lisez : *gable*, au lieu de : galbe ; et ligne 14, lisez : du *chevet du chœur*, au lieu de : du chevet *et* du chœur.

Page 124, ligne 12 de la note, lisez : *Suzeraine du Luxembourg*, au lieu de : patrie de la défunte.

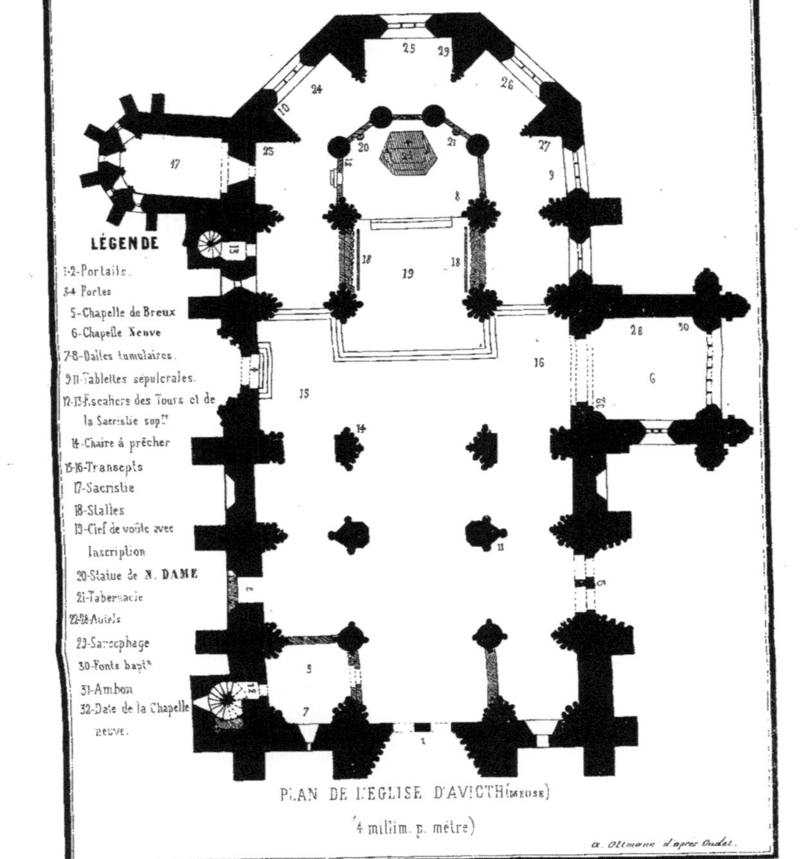

PLAN DE L'EGLISE D'AVIOTH (MEUSE)

(4 millim. p. mètre)

Clef de Voûte du choeur (1/10 de Grandeur)

Fig. 1.

Clef de Voute de la Sacristie (1/10 de Grandeur)

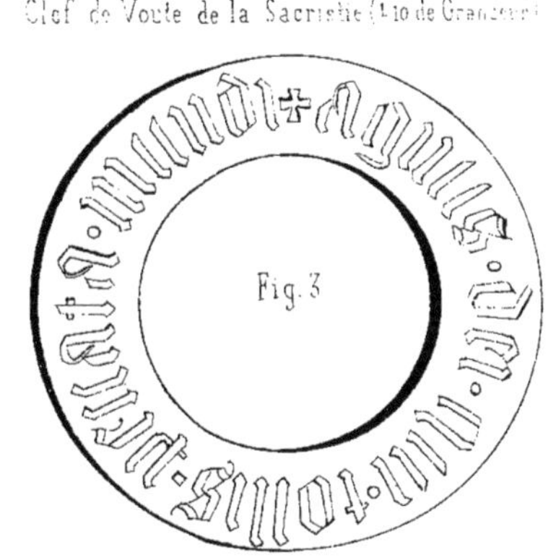

Fig. 3

Fig. 2

Inscription sur verre - Grandeur naturelle

Pl 2

Fig. 4.

ÉGLISE D'AVIOTH (MEUSE)

Epitaphe du Sarcophage de l'Abside.

✠ Cy gist : cecille : famme :
bauduin : fanuelo : de . vy :
uerne . annonce . iehan auera :
de cau rien : qui trespassait :
lan mil : ccc : et xi : prie :
pour : elle :

a. Ottmann.

Lith. Pierson à Verdun.

ÉGLISE D'AVIOTH (MEUSE)

Sarcophage de la Chapelle du Rond-Point.

Fig. 5. Pl. 3

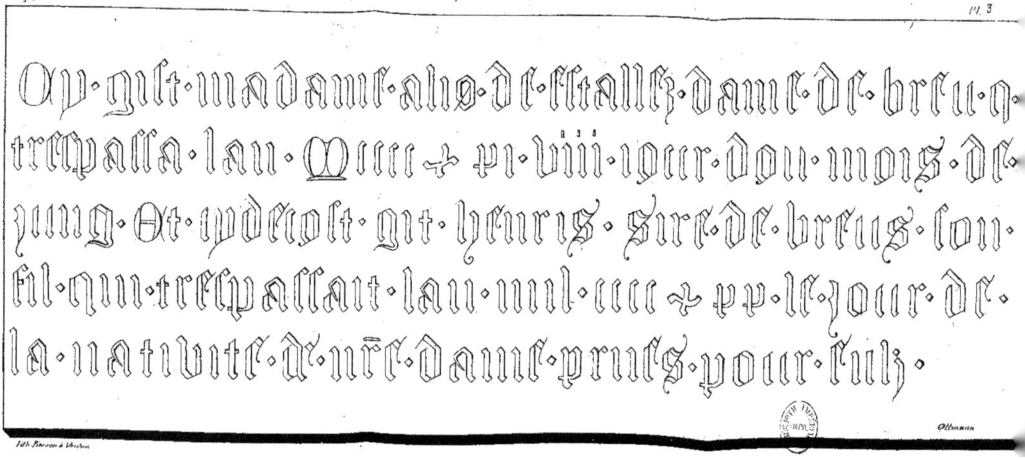

Cy · gist · madame · alis · de · estallez · dame · de · breu · q ·
trespassa · lan · M ccc + xi · viii · iour · dou · mois · de ·
iuing · Et · ydecost · git · henris · sire · de · breus · con ·
sil · qui · trespassait · lan · mil · ccc + xx · le · jour · de ·
la · nativite · de · nr̄e · dame · priez · pour · eulz ·

Lith. Pierson à Verdun — Oltmann

EGLISE D'AVIOTH (MEUSE)

Pierre tombale de la Chapelle de Breux

Fig. 6. Pl. 4

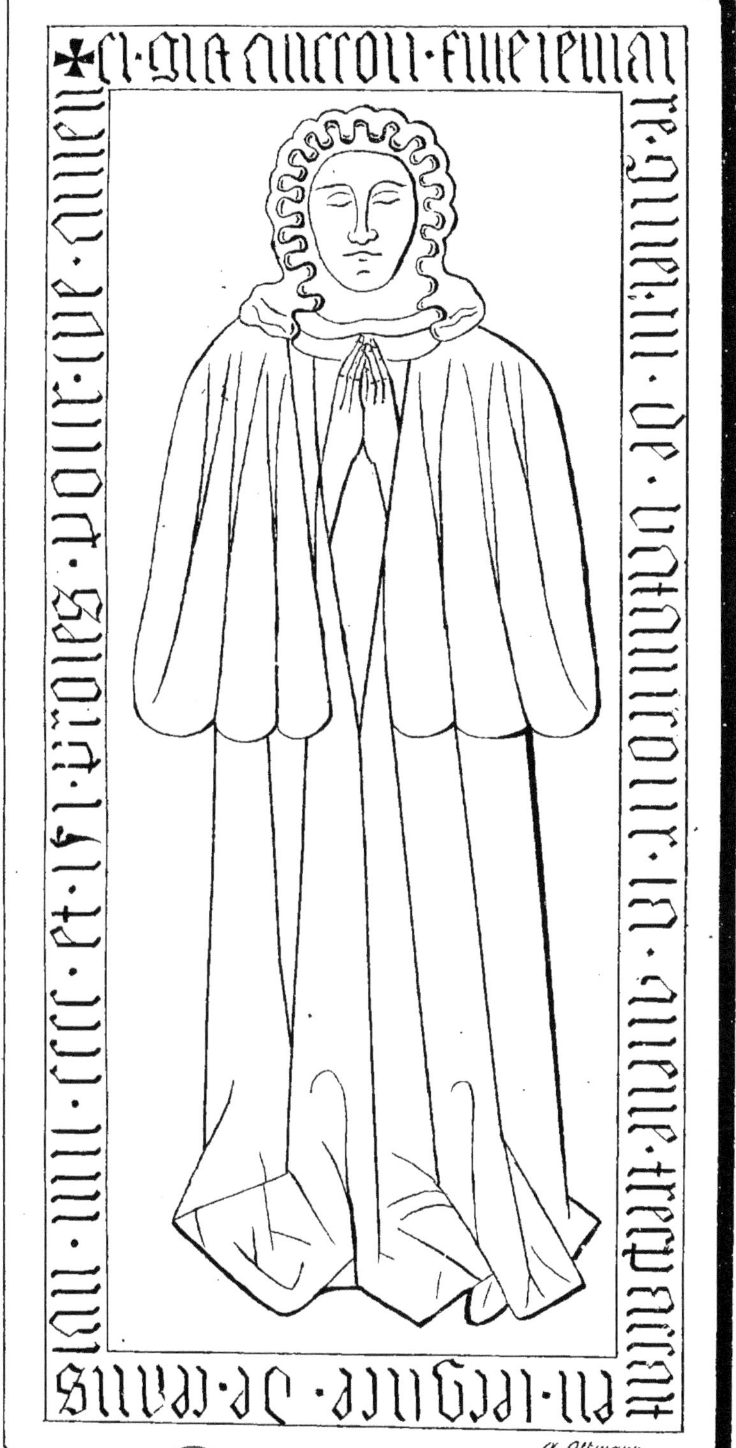

A. Ottmann

Lith. Pierron à Verdun.

ÉGLISE D'AVIOTH (MEUSE)

Epitaphe du Bénetier.

Pl. 5.

Fig. 7.

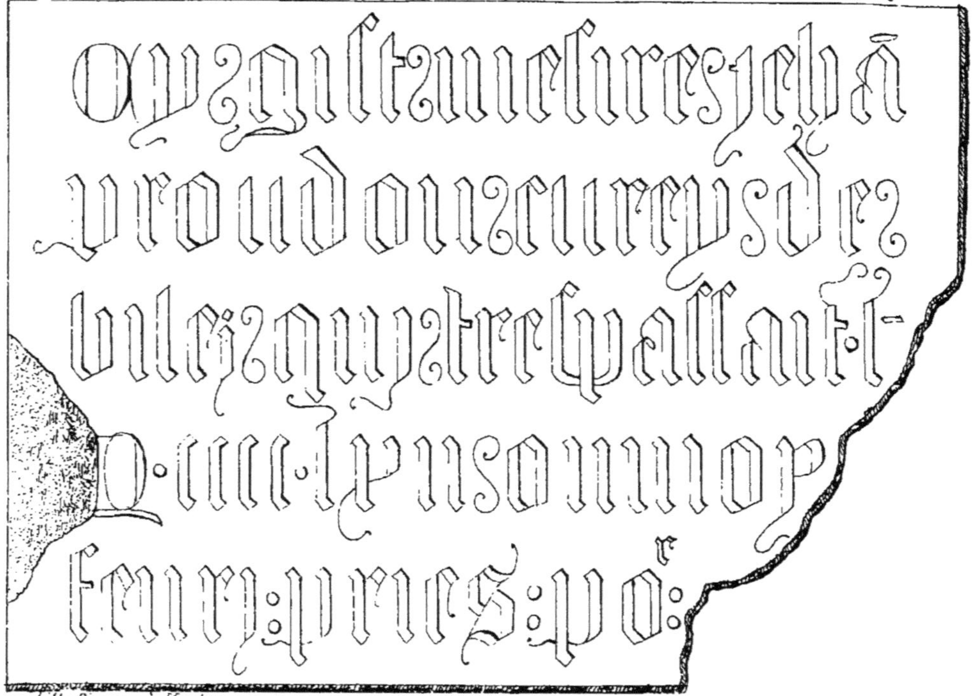

Lith Pierson à Verdun.

A. Ottmann.

ÉGLISE D'AVIOTH (MEUSE).

Pl. 6. Fig. 8.

Fac simile de l'inscription du tabernacle (Grandeur naturelle).

A. Ottmann

Lith. Pierson à Verdun.

EGLISE D'AVIOTH (MEUSE).

Pl. 7

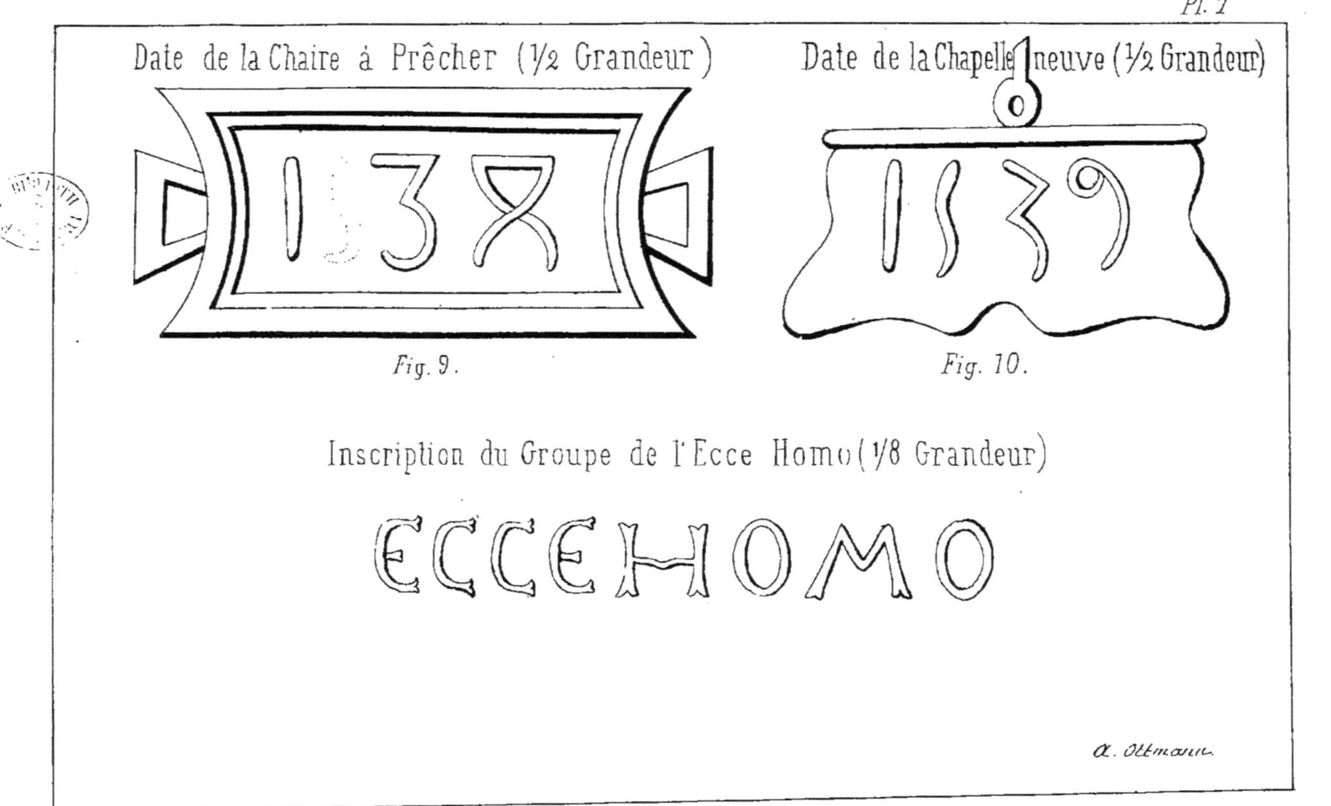

Fig. 9.

Fig. 10.

Lith. Pierson à Verdun.

ABBAYE D'ORVAL

Epitaphe de Gober d'Afflance..

Fig. 12

Pl. 8.

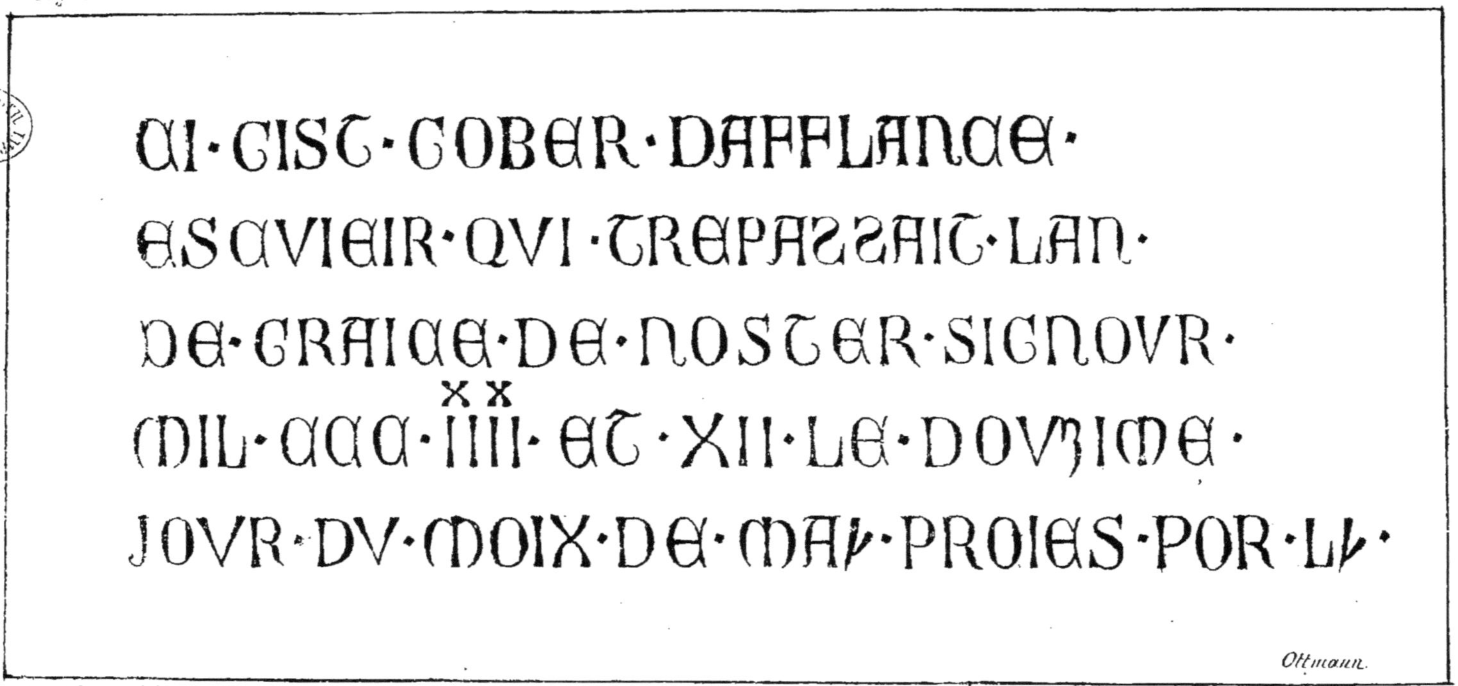

CI·GIST·GOBER·DAFFLANCE·
ESCAVIEIR·QVI·TREPASSAIT·LAN·
DE·GRAICE·DE·NOSTER·SIGNOVR·
MIL·CCC·IIII^{XX}·ET·XII·LE·DOVZIME·
JOVR·DV·MOIX·DE·MAY·PROIES·POR·LY·

Ottmann.

Lith. Renan à Verdun.

Epitaphes de Henri Cuidieu etc.

cy ◇ gist ◇ henri ◇ cuidieu ◇ pardonit ◇ qui ◇
trespassat ◇ lan ◇ mylve ◇ quatre ◇ cens ◇
huit ◇ le ◇ jour ◇ de ◇ la ◇ nativite ◇ et ◇ sa ◇
dame ◇ en ◇ septembre ◇ proies ◇ por ◇ ly ✠
cuy ◇ .... feme ◇ a dit ◇ henri ◇ cui ◇
dieu ◇ pardoin ◇ proies ◇ por ◇ ly ✠

Ottmann

Pierson à Verdun

Fig. 14. ABBAYE D'ORVAL. Pl. 10

Epitaphe de Margnye.

Jadis · s… s · de · margnye ·
qui · trespassat · lan · m v….ij ·
deu · mois · de · septembre · le …… ·
iour · pries · a · dieux · pour · luy ·

Ottmann

Lith. Pierson à Verdun

ABBAYE D'ORVAL
(Belgique)
N° 15

Lith Pierson à Verdun

Dalle tumulaire en Marbre gris.

ABBAYE D'ORVAL

(Belgique)

N° 16

Lith. Fierson à Verdun

A. Ottmann

Dalle tumulaire en Marbre noir.

www.ingramcontent.com/pod-product-compliance
Ingram Content Group UK Ltd.
Pitfield, Milton Keynes, MK11 3LW, UK
UKHW022101190726
13855UKWH00002B/572

9 782013 071796